大数据背景下现代企业财务管理

涂继明　冯江娇　张　炜◎著

中国出版集团　现代出版社

图书在版编目（ＣＩＰ）数据

大数据背景下现代企业财务管理 / 涂继明，冯江娇，
张炜著. -- 北京：现代出版社，2023.12
ISBN 978-7-5231-0681-5

Ⅰ．①大… Ⅱ．①涂… ②冯… ③张… Ⅲ．①企业管
理－财务管理－研究 Ⅳ．①F275

中国国家版本馆CIP数据核字(2023)第235193号

著　　者　　涂继明　冯江娇　张　炜
责任编辑　　邓　翃

出 版 人　乔先彪
出版发行　现代出版社
地　　址　北京市安定门外安华里504号
邮政编码　100011
电　　话　(010) 64267325
传　　真　(010) 64245264
网　　址　www.1980xd.com
印　　刷　北京四海锦诚印刷技术有限公司
开　　本　787mm×1092mm　1/16
印　　张　10.75
字　　数　255千字
版　　次　2023年12月第1版　2023年12月第1次印刷
书　　号　ISBN 978-7-5231-0681-5
定　　价　68.00元

前　言

如今我国大数据技术逐渐成熟，大数据行业也得到了良好发展。大数据技术推动了企业财务管理的改革进程，为企业财务管理提供了全新的方向，在大数据的影响下，我国大部分企业的财务管理逐渐向自动化、人性化、智能化方向发展。但是大数据技术终归是新型技术，在实际应用过程中也存在一些问题，如果企业没有做好处理，就会影响大数据技术效果。所以企业要做好分析，了解在大数据背景下企业财务管理的全新需求，以此为基础做好优化与创新，切实提高财务管理工作效能。

基于此，本书以大数据环境为背景，对现代企业财务管理的创新开展深入分析。本书首先以大数据和企业财务管理的基础知识为切入点，剖析大数据应用与财务管理意义及其带来的影响，接着重点探究大数据背景下企业财务分析、企业财务预测与决策、企业财务风险管理的相关内容，然后基于建筑企业、日化企业、电力企业、制造企业研究大数据在不同企业财务管理中的应用，最后探索大数据背景下企业财务管理的创新。

本书结构严谨，内容翔实，注重理论，突出实用，具有较强的专业性，力求为相关读者扩充知识量，拓宽知识面与视野。本书可供广大财务管理的相关从业人员阅读使用，具有一定的参考价值。

本书在写作过程中，笔者获得了许多专家和学者的帮助与指导，在此表示衷心的感谢。由于笔者的能力有限，加之时间紧迫，书中可能存在一些遗漏之处，希望读者能够提供宝贵的意见和建议，以便笔者进行进一步的修订，使其更加完善。

目 录

第一章　大数据与企业财务管理概述

第一节　大数据技术基础

一、大数据的概念及特征

大数据这一概念产生于全球数据规模爆炸式增长以及数据模式高度复杂化的背景下，并且随着时间的推移不断为人们所熟知。但是，大数据究竟是什么意思？或者说，什么样的数据才能算是大数据呢？仅从字面上看，大数据即为规模巨大的数据集合。所以大数据在本质上仍然是属于数据库或数据集合，与传统数据集合相比，主要区别在于数据集合规模的级别。

中文维基百科也对大数据的定义做出了如下阐述："大数据，又称巨量资料，指的是所涉及的数据量规模巨大到无法通过人工，在合理时间内截取、管理、处理，并整理成为人类所能解读的信息。"2010 年，Apache Hadoop[①] 组织将大数据定义为"普通的计算机软件无法在可接受的时间范围内捕捉、管理、处理规模庞大的数据集合"。麦肯锡公司也在2011 年的咨询报告中将大数据定义为"大小超出常规的数据库工具获取、存储、管理和分析能力的数据集"[②]。

随着大数据这一概念的普及，大数据的定义也越来越趋于多样化。但是大数据的本质和属性无法单纯从基本概念上来把握，除去数据规模庞大这一基本特征，大数据必定还存在能与"规模巨大的数据""海量数据"这些概念之间体现本质区别的一些重要特征。为此，国内外研究机构以及个人学者都在大数据概念的基础上对大数据的基本特征进行了深入的探讨和研究，从中提取出了大数据最具代表意义的 3V 特征模型或 4V 特征模型。3V特征模型是在 2001 年由美国的 META 集团（现为高德纳公司）的分析师道格·莱尼在研

---

① Apache Hadoop 是一套用在由通用硬件构建的大型集群上运行应用程序的框架。
② 王志. 大数据技术基础 [M]. 武汉：华中科技大学出版社，2021：4.

究报告中提出的，而且这一描述最初并不是用来定义大数据的。道格·莱尼在报告中定义了三维式，即数据量（Volume）、速度（Velocity）和种类（Variety），并以此来表示数据增长所引发的机遇和挑战。但是，在此后的 10 年时间里，包括高德纳、IBM、微软在内的许多公司，都使用 3V 特征模型来描述大数据。

在 2001 年后续的 10 年时间里，大数据的概念和理论逐渐成熟，从而形成了更加完整的理论体系。2011 年，在大数据研究领域极具权威和领导力的国际数据公司（IDC）发布的报告中，对大数据的定义进行了进一步的完善："大数据技术描述了新一代的技术和架构体系，通过高速采集、发现或分析，提取各种各样的大量数据的经济价值。"此次对大数据定义的完善，也是对大数据的 3V 特征模型进一步的完善。该定义将大数据的特征模型总结为 4 个 V，即在数据量（Volume）、速度（Velocity）和种类（Variety）的 3V 特征模型的基础上，增加了价值（Value）这一特征。

大数据的 4V 特征模型定义相较于 3V 特征模型定义，得到了业界更为广泛的认同和肯定。如果说 3V 特征模型定义是一种较为专业化的定义，那么 4V 特征模型定义则在专业化定义的基础上突出了大数据的价值和意义。大数据的 4V 特征模型定义明确了大数据最为核心的问题，即从规模巨大、种类繁多、生成快速的低价值密度数据中挖掘出重要的价值。

（一）Volume：数据规模巨大

仅从大数据字面上的概念出发，大数据的特征首先体现为数量巨大，因此大数据的第一个基本特征就是对大数据规模的描述和定义。

随着信息技术的高速发展和互联网技术的广泛普及，各个领域的数据规模呈现爆炸式的增长，存储单位从一开始的 MB 级别到 GB 级别，再到 TB 级别，直至现在的 PB 级别、EB 级别，在未来甚至会达到 ZB 级别。

当前，典型的个人计算的存储容量在 GB 级别到 TB 级别之间，而一些大型的企业，特别是互联网公司，其数据量基本都在 EB 级别。

（二）Velocity：数据的快速高效性

大数据在采集、存储、处理和传输等一系列过程中对速度与时效有极高的要求。这一基本特征也是大数据处理技术和传统数据挖掘技术最为显著的区别。其中，秒级定律是体现大数据这一基本特征的重要表现。所谓秒级定律就是对数据处理速度的要求，一般要求在秒级时间范围内给出分析结果，否则数据就会失去价值。

在传统数据时代，人工采集是数据采集的最主要手段，比如地质测量数据、天文观测数据、人口普查数据等。但是人工采集数据往往具有很大的限制和缺陷，例如，在一些环境较为恶劣的地区进行地质数据测量，其测量精度和测量频率都会受影响；又如人口普查，由于涉及面广、效率低等，导致最后的人口普查结果都缺乏时效性。而在大数据时代，信息技术、互联网技术以及物联网技术都较为成熟，数据的采集、存储、处理和传输等各个环节都实现了智能化、网络化，数据的来源逐渐从人工采集走向了自动采集。例如，同样是地质数据测量，在大数据时代可以通过卫星或无人机等技术实现数据的自动采集，再通过网络和云平台实现数据的自动存储、处理与传输，其最终的结果无论是在数据精度方面还是在数据时效性方面都要远优于传统的数据采集、存储、处理和传输模式。数据采集设备的自动化和智能化不仅是大数据形成的重要原因之一，同时也使全球数据化成为可能，即通过对人类社会和自然界的各种现象、行为和变化的全程记录，形成所谓的"全数据模式"。通过快速高效的数据采集、存储、处理和传输，数据的系统可以实现快速的在线响应和反馈，从而保证数据的时效性。除此之外，数据采集的自动化、数据存储的云存储化、数据处理的云计算化以及数据传输的网络化，使所有数据从离线变为在线，从静态变为动态。

（三）Variety：数据类型丰富

大数据的基本特征除了数据规模巨大，更为重要的就是数据种类多样。在大数据时代，广泛的数据来源决定了大数据的数据类型多样性。

随着智能设备、社交网络以及物联网的快速发展，大数据的数据格式开始呈现多样化。从结构层面上区分，大数据的数据格式可以分为三类：

第一类是以文本为主的结构化数据，即传统的关系型数据，其特点就是数据之间具有某种关联性，能形成某种固定的结构，因果关系较强，比如医疗系统数据、个人档案数据、财务系统数据等。

第二类是非结构化数据，与结构化数据相反，非结构化数据之间既没有任何关联或因果关系，也没有形成固定的结构，如视频、音频、文档资料、地理位置、网络日志等。

第三类是半结构化数据，即部分数据之间存在关联，但是关联度较小，只能在局部形成固定的结构，比如网页、电子邮件等。在大数据时代，结构化数据往往是有限的，相比之下的半结构化数据和非结构化数据几乎是无穷无尽的，包括视频、音频、图片、网页等半结构化数据和非结构化数据在大数据中占极大比例，而且它们的数据量增长速度要远超结构化数据的数据量增长速度。当所有结构化、半结构化和非结构化的数据都被纳入大数据范围时，大数据的数据类型多样性也就成为大数据的基本特征之一。同时，越来越丰富的数据类型也是大数据的数据规模呈现爆炸式增长的根源之一。

（四）Value：数据的低价值密度

这也是大数据的核心特征——数据价值密度的高低往往与数据总量的大小成反比，而大数据的数据规模决定了大数据低价值密度这个基本特征。例如，在 1 小时的监控视频或音频中，有用数据可能仅有一两秒。因此，如何快速高效地从海量的大数据中提取有价值的数据是目前在大数据背景下面临的重大挑战之一。

随着物联网的广泛应用，信息感知无处不在，数据采集更加智能化，这使得人类获得的数据出现爆炸式增长。在大数据的数据集规模不断扩大的同时，不相关的数据或者无用的数据在数据集中的比例也在增加，因此大数据的价值密度要远低于传统的关系型数据库中的数据。如果用石油行业来类比大数据行业的话，那么在整个 IT 行业中，最重要的不是如何炼油，即分析处理数据，而是如何提取优质原油，即有价值的数据。虽然大数据的价值密度较低，但是大数据的潜在价值却是毋庸置疑的，通过分析和处理不相关的各类数据，从中挖掘新的知识和规律，最终运用于各个行业领域，从而创造出相应的价值。

二、大数据的商业价值——在企业的应用场景

在所有人类行为数据中，诸如在电商的消费购买记录、娱乐活动方式、饮食消费习惯等与商业经济相关的数据无疑是各个领域的企业所关注的。大数据的商业价值就在于将大数据应用于企业场景，并获取更高的利益，而且大数据的商业应用市场规模可以说是无限的。其潜在价值在于通过对客户的消费习惯、运动规律、个人爱好等数据的采集分析，为企业反馈大量有用的信息，揭示数据相关性和典型规律，从而挖掘出更多商业价值。大数据潜藏的巨大商业价值和广泛的应用场景将会提升大数据对企业的战略意义，从而促进企业投入更多的资源研究和分析应用大数据，形成一个良性的、互惠双赢的循环，创造出更多的社会商业财富。下面就大数据在金融行业、零售行业以及电商三种企业场景的应用进行分析。

（一）在金融行业的应用

毫无疑问，金融行业是大数据最早也是应用领域最高的企业应用场景之一。金融行业拥有极为庞大和丰富的数据，而且其数据的价值密度和数据维度相对较高，如结合其他行业的数据还可以分析衍生出更多有价值的信息。其中，典型的案例如招商银行对客户的存取款记录、电子银行转账记录、信用卡刷卡记录等行为数据进行分析，总结出每个客户的消费理财特征，从而有针对性地给客户发送客户可能感兴趣的产品广告和优惠信息；又如信用卡公司在挖掘类似白金卡这类高价值用户时，不能仅从消费记录中判

断，而是需要更多地以衡量消费水平的外部数据为依据，比如乘坐头等舱的次数、在高端消费市场的消费次数，等等，而往往只有这类高消费水平用户的信用额度才能满足白金卡客户的要求。

大数据在金融行业的应用十分广泛，具体可以归结为五个方面：一是精准营销，即依据客户消费习惯、地理位置、消费时间进行推荐，例如花旗银行为财富管理客户推荐产品；二是风险管控，即根据客户社交行为记录进行信用评级，实施信用卡反欺诈；三是决策支持，即利用大数据对产业信贷报告进行分析，构建相应的决策树，为最终的决策提供建议；四是提高效率，即利用大数据技术分析金融行业的业务运营流程，针对其中的薄弱点做出改进，并加快业务的处理速度；五是产品设计，即利用大数据计算技术分析客户行为数据，从而为客户定制和推荐个性化的金融产品。

（二）　在零售行业的应用

在大数据时代到来之前，零售企业供应链的好坏往往成为决定零售企业的生存能力和盈利能力高低的关键因素。但是随着大量用户消费行为的数据化，如何挖掘消费者需求成为另一个关键因素。

所以，大数据在零售行业中最重要的应用就是商品的精准营销。零售行业依据客户的消费行为数据，分析了解客户的消费喜好和趋势，对商品进行精准营销，在扩大销售范围和规模的同时还能降低营销成本。另外，大数据在零售行业的应用还在于对未来消费趋势的预测。零售行业通过掌握对客户未来消费的预测不仅可以更好地进行精准营销，制定合理高效的促销策略，处理过季商品，还可以从根本上避免产能过剩，减少不必要的生产浪费。

（三）　在电商行业的应用

电商行业无疑也是最早利用大数据进行精准营销的行业，其应用范围和应用效果甚至远高于零售行业。电商行业能利用大数据进行精准营销的优势就是因为电商行业本身的所有消费行为都是数据化的，具有先天的数据优势。电商数据的数据密集度高、规模庞大、种类繁多，因此具有十分广阔的应用空间，包括对消费趋势和流行趋势的预测，客户的消费习惯、消费行为和消费地域的关联，以及对客户消费影响因素的分析等。依托于大数据分析结果，电商无论是在公司品牌的设计，还是营销策略的制定，或是在物流的资源配置等方面，都能进行更为精细化的运作，充分发挥电商数据的潜在价值。除此之外，电商行业能够很好地结合其他行业的数据，为自身创造更多价值，比如利用客户的日常行为和消费习惯，为用户提供贴心、高效的服务，提高客户体验，从而扩大客户群体。

三、大数据面临的挑战及发展趋势

（一）大数据面临的主要挑战

随着大数据蕴含的社会、经济、科学研究的价值不断被挖掘出来，世界各国的政府、学术界以及工业界不断加大对大数据研究和分析应用的投入，使大数据战略地位也逐渐从普通的商业行为提升至国家科技战略层次。但是作为一个新兴的领域，大数据在带来巨大机遇的同时，也面临着诸多复杂而艰巨的挑战。大数据有着诸多与传统数据迥然不同的特征，如规模巨大、多源异构、动态增长等，但是与传统数据类似，大数据的处理也包括采集、存储、处理和传输等技术的实现步骤。这使得大数据从底层的采集、存储到上层的分析、可视化等问题都面临着一系列新的挑战。下面将从大数据处理过程中的采集、存储、分析以及隐私四个方面来具体说明大数据当前面临的主要挑战。

1. 大数据采集面临的挑战

数据采集是数据分析、二次开发利用的基础，但是由于大数据的数据来源错综复杂、种类繁多且规模巨大，而这些有别于传统数据的特点使得传统的数据采集技术无法适应大数据的采集工作，所以大数据采集一直是大数据研究发展面临的巨大挑战之一。

大数据采集面临的问题主要集中在三个方面：

首先，大数据的数据源分布广泛，造成数据来源错综复杂，同时也导致了数据质量的参差不齐。在互联网、物联网以及社交网络技术发达的今天，每时每刻都有海量的数据产生，数据来源由原来比较单一的服务器或个人电脑终端逐渐扩展到包括手机、全球定位系统（Global Positioning System，GPS）、传感器等各种移动终端。面对错综复杂的数据源，如何准确采集、筛选出需要的数据是提高数据采集效率以及降低数据采集成本的关键所在。

其次，数据异构性也是数据采集面临的主要问题之一。由于大数据的数据源多样，分布广泛，同时存在于各种类型的系统中，导致数据的种类繁多，异构性极高。虽然传统的数据采集也会面临数据异构性的问题，但是大数据时代的数据异构性显然更加复杂，比如数据类型从以结构化为主转向结构化、半结构化、非结构化三者的融合。

最后，数据的不完备性主要是指大数据采集时常常无法采集到完整的数据，而导致这个问题的主要原因则在于数据的开放共享程度较低。数据的整合开放一直都是充分挖掘大数据潜在价值的基石，而数据孤岛的存在会让大数据的价值大打折扣。数据的不完备性在降低数据价值的同时也给数据采集带来了很大的困难。

2. 大数据存储面临的挑战

数据规模庞大和数据种类多样是大数据的两大基本特征，而这两大特征的存在使大数据对数据存储也有了新的技术要求。如何实现高效率低成本的数据存储是大数据在存储方面面临的一个难题。

大数据的数据规模庞大，需要消耗大量的存储空间资源。虽然存储成本一直在下降，但是全球的数据规模也出现了爆炸式的增长，所以大数据在数据存储方面面临的挑战依然不小。目前基于磁性介质的磁盘仍然是大数据存储的主流介质，而且磁盘的读写速度在过去几十年中提升不大，未来出现革命性提升的概率也小。而基于闪存的固态硬盘一直被视为未来代替磁盘的主流存储介质，虽然固态硬盘具有高性能、低功耗、体积小的特点，得到越来越广泛的应用，但是其单位容量价格目前仍然要远高于磁盘，暂时还无法代替磁盘成为大数据的主流存储介质。

大数据在数据存储方面还面临一个挑战就是存储性能问题。由于大数据的数据种类多样、异构程度高，传统的数据存储无法高效处理和存储这些复杂的数据结构，给数据的集成和整合方面带来很大的困难，因此需要设计合理高效的存储系统来对大数据的数据集进行存储。同时，大数据对实时性的要求极高，本身数据集的规模又十分庞大，所以对于存储设备的实时性和吞吐率同样有着较高的要求。

3. 大数据分析面临的挑战

数据分析是大数据的核心部分之一。大数据的数据集本身可能不具备明显的意义，只有将各类数据集整合关联后，对其进一步实施分析，最终才能从这些无用的数据集中获得有价值的数据结论。数据集规模越大，数据集中包含的有价值数据的可能性就越大，但是数据中的干扰因素也就越多，分析提取有价值数据的难度也就越大。所以，大数据分析过程中存在诸多的挑战因素。

传统的数据分析模式主要针对结构化数据展开的，而大数据的异构程度极高，数据集是融合了结构化、半结构化和非结构化三种类型的数据，而且半结构化和非结构化数据在大数据的数据集中占据的比例越来越大，给传统的分析技术带来了巨大的冲击和挑战。目前以 MapReduce 和 Hadoop 为代表的非关系型数据分析技术能够高效处理非结构化数据，并且简单易用，正逐渐成为大数据分析技术的主流。但是 MapReduce 和 Hadoop 在应用性能等方面仍然存在不少问题，所以对大数据分析技术的研究与开发还需要继续进行。在很多应用场景，数据中蕴含的价值往往会随着时间的流逝而衰减，所以数据处理的实时性也成为大数据分析面临的另一个难题。目前大数据实时处理方面已经有部分相关的研究成果，但是都不具备通用性，在不同的实际应用中往往都需要根据具体的业务需求进行调整和改造，所以目前大数据的实时处理面临着数据实时处理模式的选择和改进的问题。大数据分析技术和传统数据挖掘技术的最大区别体现在对数据的处理速度上，大数据的秒级定律就是最好的体现，但大数据的数据规模往往十分庞大，所以大数据分析在分析处理速度上面临的挑战也不小。

4. 大数据隐私面临的挑战

在信息化时代，数据的隐私问题就一直受到人们的广泛关注。随着大数据时代的到来，越来越多的个人隐私以数据化的形式存在于互联网当中，数据的隐私问题也更加突出了。在一般情况下，人们往往会有意识地保护自己的个人隐私，但是在信息化时代，人们难免在各种不同的场所留下数据足迹。虽然在一般情况下，这些数据可能不会泄露个人的隐私信息，但是如果将所有个人数据足迹采集整合，然后进行大数据分析，就很可能会从中挖掘出相应的个人隐私信息，而这种隐性的数据暴露往往是不可控和不可预知的。

在大数据时代，数据的隐私问题主要体现在两个方面：一方面是个人隐私的保护，物联网和传感器技术的发展使个人的习惯、兴趣等隐私信息容易在没有察觉的情况下暴露出来甚至被他人获取；另一方面，个人隐私数据在授权情况下的存储、传输和使用过程中也存在泄露的风险，一些看似简单且不相关的信息经过大数据分析后，都可能挖掘出其中的个人隐私。所以，大数据时代的隐私保护也成为大数据技术面临的挑战之一。

大数据在隐私保护方面的另一个重要挑战就是数据开放与隐私保护的平衡。大数据通过研究数据的相关性来发现客观规律，而这些都依赖于数据的广泛性和真实性。所以，数据的开放与共享对于大数据的研究和分析应用是必不可少的。数据的开放和共享，可以让政府从数据中了解和把握国民经济的发展，以便做出更好的决策和指导；企业则可以从用户开放数据中了解用户的行为特点，精准营销，在优化用户体验的同时提高收益；研究机构将公开的数据应用于相应的领域，进行更加深入全面的研究。但是，不可避免地，数据的开放和共享往往会造成隐私数据的泄露，而大数据就是这样一把"双刃剑"。所以，如何在推动数据全面开放、共享和应用的同时，有效地保护隐私数据，是大数据时代面临的重要的、不可避免的挑战。

（二）大数据技术的发展趋势

大数据时代的来临，标志着一个新时代的开启。在互联网时代，互联网技术推动了数据的发展，而当数据的价值不断凸显后，大数据时代也随之开启。在大数据时代，数据将推动技术的进步。大数据在改变社会经济生活模式的同时，也潜移默化地影响每个人的行为和思维方式。作为一个新兴的领域，大数据虽然仍处于起步阶段，但是在相关的采集、存储、处理和传输等基础性技术领域中已经取得了显著的突破，涌现出大量的新技术。未来，大数据技术的发展趋势无疑是多元化的。下面将从数据资源化、数据处理引擎专用化、数据处理实时化以及数据可视化这四个比较显著的方面来阐述大数据技术的未来发展趋势。

1. 数据资源化发展

随着大数据技术的飞速发展，数据的潜在价值不断凸显，大数据的价值得到了充分体现。大数据在企业、社会乃至国家层面的战略地位不断上升，数据成为新的制高点。数据资源化，即大数据在企业、社会和国家层面成为重要的战略资源。大数据中蕴藏着难以估量的价值，掌握大数据就意味着掌握了新的资源。大数据的价值来自数据本身、技术和思维，而其核心就是数据资源。国内的互联网企业如腾讯、阿里巴巴、百度等，以及国外的互联网企业如亚马逊、谷歌、Facebook 等，都在不断地抢占大数据的资源点，并运用大数据技术创造各自的商业财富。

大数据的数据资源化早在大数据开始崛起之际就成为主流趋势，但是由于数据开放、共享以及整合上的各种环境和技术的限制，依然有很大的提升空间。更加完善、高效的数据资源化技术不仅可以极大地提高数据本身蕴藏的潜在价值，还能进一步推动大数据的研究和分析应用的发展。

2. 数据处理引擎专用化发展

传统上的数据分析和数据存储主要是针对结构化数据进行设计与优化的，这已经形成了一套高效、完善的处理体系。但是大数据不仅在数据规模上远比传统数据大，而且数据类型异构程度极高，由原来的以结构化数据为主的相对单一的数据类型转向融合了结构化、半结构化、非结构化数据的异构数据类型，所以传统的数据处理引擎已经无法很好地适应大数据的处理，无论是在数据分析方面还是在数据存储方面。

数据处理引擎专用化，即摆脱传统的通用体系，根据大数据的基本特征，设计趋向大数据专用化数据处理引擎架构。大数据的专用化处理引擎的实现可以在很大程度上提高大数据的处理效率，同时降低成本。目前，比较成熟的大数据处理引擎架构主要是 MapReduce 和 Hadoop，也是当前大数据分析技术的主流。但是 MapReduce 和 Hadoop 在应用性能等方面仍然存在不少问题，因此国内外的互联网企业都在不断加大力度研发低成本、大规模、强扩展、高通量的大数据通用的专用化系统。

3. 数据处理实时化发展

在很多领域和应用场景，数据的价值会随着时间的流逝而衰减，比如证券投资市场等，因此对数据处理的实时性有较高的要求。在大数据的背景下，更多的领域和应用场景的数据处理开始由原本的离线转向在线，大数据处理的实时化也开始受到关注。大数据的数据处理的实时化，旨在将 PB 级数据的处理时间缩短到秒级，这对大数据的整个采集、存储、处理和传输基本流程的各个环节都提出了严峻的挑战。

实时数据处理已经成为大数据分析的核心发展趋势，而当前也已经有很多围绕该趋势展开的研究工作。目前的实时数据处理研究成果包括实时流处理模式、实时批处理模式以及两者的结合应用。但是上述的研究成果都不具备通用性，在不同的应用场景中往往需要根据实际需求进行相应的改造才能使用。

4. 数据可视化发展

大数据技术的普及以及在各个行业领域的广泛应用使得大数据逐渐渗透到人们生活的各个方面，复杂的大数据工具往往会限制普通人从大数据中获取知识的能力，所以大数据的易用性也是大数据发展和普及的一个巨大挑战，大数据的可视化原则正是为了应对这一种挑战提出的。可视化是通过将复杂的数据转化为可以交互的、简单易懂的图像，帮助用户更好地理解分析数据。在大多数人机交互应用场景中，可视化既是最基本的用户体验需求，也是最佳的结果展示方法之一。在大数据应用场景中，数据本身乃至分析得出的数据都可能是混杂的，无法直接辅助用户进行决策，只有将分析后的数据以友好的方式展现给用户，才能真正被加以利用。

数据可视化技术可以在很大程度上拉近大数据和普通民众的距离，是大数据真正走向社会，进入人们日常生活的必由之路，具有极大意义。作为人和数据之间的交互平台，可视化结合数据分析处理技术，可以帮助普通用户理解分析庞大、复杂的数据，使大数据能够让更多的人理解，被更广泛的人群使用。同时，借助可视化技术人们可以主动分析处理与个人相关的工作、生活等数据，进一步促进大数据的发展和普及。

除了上述四个技术在基础层面上的发展趋势外，大数据的各个环节也都不断有新技术涌现，所以大数据的发展趋势是多元化的。在未来，大数据与云技术结合将更加深入，包括使用云计算平台进行数据分析计算以及依托于云存储平台进行数据存储。大数据处理平台也将走向多样化，从单一的 Hadoop 到后面一系列的诸如 Spark、Storm 等大数据平台，乃至未来更加高效的新的大数据平台，从而不断扩大大数据技术的生态环境。同时，随着数据的价值不断被挖掘，数据科学也将成为一门新的学科，并在数据层面上形成基于数据学科的多学科融合趋势。而大数据在数据开放和隐私保护的矛盾上也将寻求更加平衡的立足点，因为数据的开放和共享是必然的趋势，所以未来大数据的安全和隐私问题依然是热点趋势。

毫无疑问地，无论是在哪个方面或在哪个层次上的发展趋势，都将不断地完善大数据的生态环境，促使大数据生态环境向良性化和完整化发展。

第二节　企业财务管理的基本理论

一、企业财务管理的内涵阐释

财务管理是组织企业财务活动，处理财务关系的一项经济管理工作。因此，要了解什么是财务管理，必须先分析什么是财务活动和财务关系。

（一）企业的财务活动

在市场经济条件下，商品是使用价值和价值的统一体；社会再生产过程是使用价值的生产、交换过程和价值的形成、实现过程的统一体。在这一过程中，企业通过采购业务将资金转换成生产资料；劳动者通过生产过程将消耗的生产资料价值转移到产品中，并因在产品中凝结了劳动者的劳动而创造出了新的价值；通过销售过程将产品销售出去，在收回资金的同时使生产过程中转移的价值和新创造的价值得以实现。企业在上述生产经营过程中，其物质的价值形态不断地发生变化，由一种形态转变成另一种形态，如此周而复始，循环往复，这种价值量的循环周转形成了企业的资金运动。企业的生产经营活动一方面表现为商品实物形态的转换过程，另一方面表现为资金的运动。资金的运动是企业在生产过程中的价值表现，它从价值量角度综合地反映了企业的再生产过程。在这个意义上，可以将资金的实质理解为社会再生产过程中运动着的价值。

资金运动是以现金收支为主的企业资金收支活动的总称，可以直接表现为资金的流入和流出，由资金的筹集、投放、营运和分配等一系列活动构成，亦即财务活动。企业的财务活动主要包括以下四个方面。

1. 筹资活动

在商品经济条件下，任何经济实体从事生产经营活动都必须以拥有一定数量的资金并能够对其加以自主地支配和运用为前提。企业取得资金以及由此而产生的一系列经济活动就构成了企业的筹资活动。具体来讲，当企业借助发行股票、发行债券和吸收直接投资等方式筹集资金时，会引发资金流入企业；当企业在筹资时支付各种筹资费用、向投资者支付股利、向债权人支付利息以及到期偿还本金时，会引发资金流出企业。这些因筹集资金而引发的各种资金收支活动称为筹资活动。

2. 投资活动

通过各种方式筹集大量资金并非企业经营的最终目的。企业筹集资金后所面临的问题是如何合理地运用资金以谋求最大的经济利益，增加企业的价值。企业对资金的运用包括将资金投放于长期资产和短期资产两方面的内容。一般来讲，将资金运用在长期资产上的行为称为投资活动；将资金运用在短期资产上进行周转的行为称为营运活动。企业的投资活动有狭义和广义之分，狭义的投资活动禁止对外投资，包括对外股权性投资和债权性投资两种；广义的投资活动不仅包括对外投资，还包括对内固定资产投资和无形资产投资等。当企业将筹集到的资金用于购买各种长期资产或有价证券时，会引发资金流出企业；当企业将资产处置或将有价资产出售转让收回投资时，会引发资金流入企业。这些因资金的投放而引发的资金收支活动就是投资活动。

当然，企业的筹资活动和投资活动之间不是孤立的，而是相互依存、辩证统一的。筹资活动是投资活动的前提，没有筹资活动，投资活动将失去资金基础；投资活动是筹资活动的目的，是筹资活动经济效益得以实现的保障，没有投资活动，筹资活动将失去意义，成为不经济行为。

3. 资金营运活动

企业短期资金的周转是伴随日常生产经营循环来实现的。具体表现为，企业运用资金采购材料物资并由生产者对其进行加工，直至将其加工成可供销售的商品，同时向生产者支付劳动报酬以及各种期间费用，当企业用资金补偿生产经营过程所发生的这些耗费时，资金流出企业。当产品实现销售、收回货款时，资金流入企业。在生产经营过程中，由于企业出现临时资金短缺而无法满足经营所需时，需要通过举借短期债务等方式获得所需资金，引发资金流入企业，因此，由企业的日常经营活动而引起的各种资金收支活动就是企业的资金营运活动。

4. 利润分配活动

企业在经营过程中会因为销售商品、对外投资等活动获得利润，这表明企业实现了资金的增值或获得了相应的投资报酬。企业的利润要按照规定的程序进行分配，主要包括上缴税金、弥补亏损、提取盈余公积金、提取公益金和向投资者分配利润等。这种因实现利润并对其进行分配而引起的各种资金收支活动，即利润分配活动。

上述四项财务活动并非孤立、互不相关的，而是相互依存、相互制约的，它们构成了完整的企业财务活动体系，这也是财务管理活动的基本内容。同时，这四个方面构成了财务管理的基本内容：筹资管理、投资管理、营运资金管理和利润分配管理。

（二）企业的财务关系

财务关系是指企业在组织财务活动过程中与各有关方面发生的各种各样的经济利益关

系，企业进行筹资、投资、营运及利润分配时，会因交易双方在经济活动中所处的地位不同，各自拥有的权利、承担的义务和追求的经济利益不同而形成不同性质与特色的财务关系。

1. 与投资者之间的关系

企业与投资者之间的关系主要表现在企业的投资者向企业投入资金，形成主权资金，企业应将税后利润按照一定的分配标准分配给投资者以作为投资者的投资报酬；投资者将资金投入企业，获得对企业资产的所有权，从而参与企业的生产经营运作并有权按持有的权益份额从税后利润中获取投资回报。投资者必须按照合同、协议、章程的有关规定按时履行出资义务，及时形成企业资本金，获取参与企业生产经营、分享利润的权利。企业接受投资后，对资金加以合理运用，取得的财务成果要按照各出资人的出资比例或合同、协议、章程规定的分配比例向投资者分配利润。企业与投资者之间的财务关系体现为所有权性质上的经营权与所有权的关系。

2. 与债权人之间的财务关系

企业向债权人借入资金形成企业的债务资金，企业按照借款合同或协议中的约定按时向债权人支付利息，并到期偿还本金；债权人按照合同或协议中的约定及时将资金借给企业成为企业的债权人，具有按照合同或协议中的约定取得利息和索偿本金的权利。债权人与投资者的不同之处在于：债权人的出资回报来源于息前利润，而投资者的出资回报来源于税后利润，且在投资时就已明确较为具体的数额；投资者出资回报数额的多少并未在投资时确定下来，而是取决于企业税后净利润的多少以及企业利润分配的政策。因此，企业与债权人之间的财务关系属于债务与债权的关系。

3. 与受资者之间的财务关系

企业可以将生产经营中闲置的资金投资于其他企业，形成对外股权性投资。企业向外单位投资应当按照合同、协议的规定，按时、足额地履行出资义务，以取得相应的股份从而参与被投资企业的经营管理和利润分配。被投资企业受资后必须将实现的税后利润按照规定的分配方案在不同的投资者之间进行分配。企业与被投资者之间的财务关系表现为所有权性质上的投资与受资关系。

4. 与债务人之间的财务关系

企业与债务人之间的财务关系主要是指企业通过购买债券、提供借款或商业信用等形式将资金出借给其他单位而形成的经济利益关系。企业将资金出借后，有权要求债务人按照事先约定的条件支付利息和偿还本金。企业与债务人之间的财务关系体现为债权与债务的关系。

5. 与政府之间的财务关系

企业从事生产经营活动所取得的各项收入应按照税法的规定依法纳税，从而形成企业与国家税务机关之间的财务关系。在市场经济条件下，任何企业都有依法纳税的义务，以保证国家财政收入的实现，满足社会公共需要。因此，企业与国家税务机关之间的财务关系体现为企业在妥善安排税收战略筹划的基础上依法纳税和依法征税的权利、义务关系，是一种强制和无偿的分配关系。

6. 与内部各单位之间的财务关系

企业与内部各单位之间的财务关系是指企业内部各单位之间在生产经营各环节中相互提供产品或劳务等所形成的经济利益关系。在企业实行内部经济核算制和经营责任制的情况下，企业内部各单位、部门之间因为相互提供产品劳务而形成内部计价结算。另外，企业内部各单位、部门与企业财务部门还会发生借款、报销、代收及代付等经济活动。这种在企业内部形成的资金结算关系，体现了企业内部各单位、部门之间的利益关系。

7. 与内部职工之间的财务关系

企业与内部职工之间的财务关系是指通过签订劳务合同向职工支付劳动报酬等所形成的经济关系。主要表现为企业接受职工提供的劳务，并从营业所得中按照一定的标准向职工支付工资、奖金、津贴、养老保险、失业保险、医疗保险、住房公积金，并按规定提取公益基金。此外，企业还可根据自身发展的需要，为职工提供学习、培训的机会，为企业创造更多的收益。这种企业与职工之间的财务关系属于劳动成果上的分配关系。

因此，所谓"财务管理就是指按照一定的原则，运用特定的量化分析方法，从价值角度出发，组织企业的财务活动并处理企业财务关系的一项经济管理工作，是企业管理的重要组成部分"[①]。

二、企业财务管理的目标

正确的目标是一个组织良性循环的前提条件，企业财务管理的目标同样对企业财务管理系统的运行具有意义。

（一）企业生产经营的目标

企业是营利性组织，其运营的出发点和落脚点都是获利。企业生产经营的目标总体来

---

① 王攀娜，熊磊. 企业财务管理 [M]. 重庆：重庆大学出版社，2022：5.

讲，即生存、发展和获利。不同层次的企业目标对财务管理提出了不同的要求。

1. 生存

生存是获利的前提条件，企业只有生存才能获利。企业是在市场中生存的，企业生存所处的市场按其交易对象可以划分为商品市场、金融市场、人力资源市场和技术市场等，企业在市场上求得生存必须满足一定的条件。首先，企业生存的最基本条件是"以收抵支"。企业的资金周转在物质形态上表现为：一方面企业付出货币资金从市场上取得所需资源；另一方面企业向市场提供商品或服务，并换回货币资金。企业为了维持生存必须做到从市场上换回的货币资金至少要等于付出的货币资金，这样才能维持企业的长期存续。相反，若企业没有足够的支付能力，无法从市场上换回生产经营所需的材料物资，企业必然会萎缩，直到企业无法维持最低运营条件而被迫终止。倘若企业长期亏损，扭亏为盈无望，就失去了存在的意义，为避免进一步扩大损失，所有者应主动终止营业，这是导致企业终止的内在原因。其次，即使企业当期有盈利，但是在企业资金周转过程中也可能出于某种原因导致资金周转困难而无法偿还到期债务。此时企业也可能无法生存下去，即企业生存的另一个基本条件是偿还到期债务，这是导致企业终止营业的直接原因。

因此，作为企业管理组成部分的财务管理，就应对企业的筹资环节、投资环节和资金运营环节进行有效管理，使企业拥有"以收抵支"和"偿还到期债务"的能力，减少企业的破产风险。

2. 发展

企业是在发展中获得生存的，企业如果仅维持简单再生产，很难长久地在现代市场经济竞争条件下生存。在科技不断进步、竞争不断加剧、产品不断推陈出新的今天，企业只有不断地改进生产工艺，开发研制出新产品，向市场提供更能满足消费者需求的商品，占据市场有利地位，形成自己的竞争优势，才能在市场中立足，实现企业生存并发展的经营管理目标。在市场经济中，任何经济资源的取得和运用都是要付出一定代价的，而货币资金则是对代价的最终结算手段。资金的投放、生产规模的形成、企业的运营等，都离不开资金。

因此，适时筹集企业发展所需资金并合理有效运用，是企业管理目标对财务管理的又一个要求。

3. 获利

企业能够获利，才有存在的价值。组建企业的目的就是获利。营运过程中的企业有很多项努力的目标，包括扩大市场份额、提高所有者收益水平、减少环境污染、改善生产环境和提高员工福利待遇等。但获利是其中最具综合性的目标，不但体现了组建企业的出发点和落脚点，而且可以反映出其他目标的实现程度。从财务角度看，获利就是使产出资金大于初始投入资金，在市场中取得资金要付出代价即资本成本，每项资金的投放都应当遵循经济效益的原则，即财务管理人员对资金的运用都应当讲求经济效益，都应当以产出最大化的方式对资金加以运用。

因此，企业获利的管理目标，要求财务管理合理有效地运用资金，从而使企业获利。

当然，生存、发展和获利这三个企业管理目标是相互联系、密不可分的。它们要求财务管理做到筹集资金并有效地进行投放和使用。为了切实完成企业管理对财务管理的要求，在财务管理的过程中，不仅要对资金的取得和运用进行管理，而且要对生产、销售和利润分配的环节进行管理，从总体上实现企业目标对财务管理提出的要求。

（二）企业财务管理的总体目标

企业的财务管理目标既要与企业生存和发展的目的保持一致，又要直接、集中反映财务管理的基本特征，体现财务活动的基本规律。根据现代企业财务管理理论和实践，最具有代表性的财务管理目标主要有以下几种观点。

1. 利润最大化目标

利润是企业在一定期间内全部收入和全部费用的差额，它反映了企业在当期经营活动中投入与产出对比的结果，在一定程度上体现了企业经济效益的高低。利润既是资本报酬的来源，又是提高企业职工劳动报酬的来源，同时又是企业增加资本公积，扩大经营规模的源泉。在市场经济条件下，利润的高低决定着资本的流向；企业获取利润的多少表明企业竞争能力的大小，决定着企业的生存和发展。因此，以追逐利润最大化作为财务管理的目标，有利于企业加强管理，增加利润，且这种观点简单明了，易于理解。

利润最大化目标在实践中存在如下难以解决的问题：这里所指的利润是指企业一定时期实现的利润总额，它没有考虑资金时间价值；没有反映创造的利润与投入的资本之间的关系，因而不利于不同资本规模的企业或同一企业不同时期之间的比较；没有考虑风险因素。高额利润往往要承担过大的风险；片面追求利润最大化，可能导致企业短期行为，如忽视产品开发、人才开发、生产安全、技术装备水平、生活福利设施和社会责任的履行等。

2. 资本利润率最大化或每股利润最大化目标

资本利润率是企业在一定时期的税后净利润额与资本额的比率。每股利润（又称每股盈余）是一定时期净利润与普通股股数的比值。这种观点认为，每股盈余将收益和企业的资本量联系起来，体现资本投资额与资本增值利润额之间的关系。以资本利润率最大化或每股利润最大化作为财务管理目标，可以有效地弥补利润最大化目标的缺陷；能反映出企业所得利润额同投入资本额之间的投入产出关系；能科学地说明企业经济效益水平的高低，能在不同资本规模的企业或同一企业不同时期之间进行比较。但该指标同利润最大化目标一样，仍然没有考虑资金时间价值和风险因素，也不能避免企业的短期行为。

3. 企业价值最大化目标

企业价值是通过市场评价而确定的企业买卖价格，是企业全部资产的市场价值，它反映了企业潜在的或预期的获利能力。投资者之所以创办企业，就是为了使其投入的资本保值、增值，创造尽可能多的财富。这种财富不仅表现为企业实现的利润，而且表现为企业全部资产的价值。如果企业利润增多了，资产反而贬值，则潜伏着暗亏，对投资者来讲风险很大。相反，如果企业资产价值增多了，生产能力增强了，则企业将具有长久的盈利能力，抵御风险的能力也会增强。因此，企业财务管理就应该站在投资者的立场来考虑问题，努力使投资者的财富或企业的市场价值达到最大，以企业价值最大化作为财务管理目标，更为必要和合理。投资者在评价企业价值时，是以投资者预期投资时间为起点的，并将未来收入按预期投资时间的同一口径进行折现，未来收入的多少根据可能实现的概率进行计算，可见，这种计算方法考虑了资金的时间价值和风险问题。企业所得的收益越多，实现收益的时间越短，应得的报酬越是确定，企业的价值或股东财富就越大。

企业价值最大化目标的优点表现为以下四个方面：该目标考虑了资金的时间价值和投资的风险价值，有利于统筹安排长短期规划、合理选择投资方案、有效筹措资金、合理制订股利政策等；该目标反映了对企业资产保值、增值的要求，从某种意义上说，股东财富越多，企业市场价值就越大，追求股东财富最大化的结果可促使企业资产保值或增值；该目标有利于避免管理上的片面性和短期行为；该目标有利于社会资源合理配置，社会资金通常流向企业价值最大化的企业或行业，有利于实现社会效益最大化。

同时，企业价值最大化目标在实践中也存在一些不足：对于上市企业，虽然通过股票价格的变动能够揭示企业价值，但是股价是多种因素影响的结果，特别在即期市场上的股价不一定能够直接反映企业的获利能力，只有长期趋势才能做到这一点；由于现代企业采用"环形"持股的方式，相互持股，其目的是控股或稳定购销关系，因此，法人股东对股票市价的敏感程度远不及个人股东，对股价最大化目标没有足够的兴趣；对于非上市企业，只有对企业进行专门的评估才能真正确定其价值，而在评估企业的资产时，由于受评估标准和评估方式的影响，这种估价不易做到客观和准确，这也导致确定企业价值很困难。

尽管企业价值最大化目标存在诸多不足，并不是一个完美的财务管理目标，但其可以弥补利润最大化或每股收益最大化等目标的一些致命缺陷，在现有条件下，企业价值最大化目标是相对合理和完善的。

（三） 企业财务管理的具体目标

财务管理的具体目标是为实现财务管理的总体目标而确定的企业各项具体财务活动所要达到的目的。其具体可以概括为以下几个方面。

1. 企业筹资管理的目标

企业要在筹资活动中贯彻财务管理总目标的要求，包含以下两方面的含义：

第一，必须以较小的筹资成本获取同样多或较多的资金。企业的筹资成本既包括利息、股利（或利润）等向出资者支付的报酬，也包括筹资中的各种筹资费用，企业降低筹资过程中的各种费用，尽可能使利息、股利（或利润）的付出总额降低，可增加企业的总价值。

第二，企业必须以较小的筹资风险获取同样多或较多的资金。筹资风险主要是到期不能偿债的风险，企业降低这种风险，会使内含于企业价值中的风险价值相对增加。

综合上述两点，企业筹资管理的具体目标就是：在满足生产经营需要的情况下，以较小的筹资成本和较低的筹资风险获取同样多或较多的资金。

2. 企业投资管理的目标

企业若要在投资活动中贯彻财务管理总目标的要求，必须做到以下两点：

第一，必须使投资收益最大化。企业的投资收益始终与一定的投资额和资金占用量相联系，企业投资报酬越多，就意味着企业的整体获利能力越高，也就会在两个方面对企业的价值产生影响：①企业已获得的投资收益会直接增加企业资产价值；②投资收益较高会提高企业的市场价值。

第二，由于投资会带来投资风险，因此企业还必须使投资风险降低。投资风险是指投资不能收回的风险，企业降低这种风险，就会使内含于企业价值中的风险价值相对增加。因此，企业投资管理的具体目标是以较小的投资额和较低的投资风险，获取同样多或者较多的投资收益。

3. 企业营运资金管理的目标

企业的营运资金是为满足企业日常营业活动的要求而垫支的资金。营运资金的周转与生产经营周期具有一致性。在一定时期内资金周转越快，就可以利用相同数量的资金，生产出更多的产品，取得更多的收入，获得更多的报酬。因此，企业营运资金管理的目标是合理使用资金，加速资金周转，不断提高资金的利用效率。

4. 企业利润分配管理的目标

企业分配管理的具体目标就是合理确定利润的留存比例及分配形式，以提高企业潜在的收益能力，从而提高企业价值。分配就是将企业取得的收入和利润，在企业与相关利益主体之间进行分割。这种分割不仅涉及各利益主体的经济利益，而且涉及企业的现金流出量，从而影响企业财务的稳定性和安全性。同时由于这种分割涉及各利益主体经济利益的多少，不同的分配方案也会影响企业的价值。如果企业当期分配较多的利润给投资者将会提高企业的即期市场评价，但由于利润大部分被分配，可能导致企业的即期现金不够，或者缺乏发展和积累资金，从而影响企业未来的市场价值。

（四）企业财务管理目标的协调

科学的财务管理目标，必须分析影响财务管理目标的利益集团，即企业投资者、分享企业收益者和承担企业风险者。股东和债权人都为企业发展提供了必要的财务资源，但是他们处在企业之外，只有经营者即管理当局在企业里直接从事财务管理工作。股东、经营者和债权人之间构成了企业最重要的财务关系。企业是所有者即股东的企业，财务管理的目标是指股东的目标。股东委托经营者代表他们管理企业，为实现他们的目标而努力，但经营者和股东的目标并不完全一致。债权人把资金借给企业，并不是为了"股东财富最大化"，与股东的目标也不一致。公司必须协调这三方面的冲突，才能实现"股东财富最大化"的目标。企业财务活动所涉及的不同利益主体如何进行协调，是实现财务管理目标过程中必须解决的问题。

1. 所有者与经营者之间的协调

企业价值最大化直接反映了企业所有者的利益，这与企业经营者没有直接的利益关系。对所有者而言，经营者所得的利益正是其所放弃的利益，在经济学中这种放弃的利益称为经营者的享受成本。因此，经营者和所有者的主要矛盾表现在经营者希望在提高企业价值与股东财富的同时，能更多地增加享受成本，而所有者和股东则希望以较小的享受成本提高企业价值或股东财富。具体来讲有下述几个方面。

（1）经营者的目标。

在股东和经营者分离以后，股东的目标是使企业财富最大化，千方百计要求经营者以最大的努力去完成这个目标。经营者是最大合理效用的追求者，其具体行为目标与委托人不一致。他们的目标：①增加报酬。包括物质和非物质的报酬，如工资、奖金，提高荣誉和社会地位等。②增加闲暇时间。包括较少的工作时间、工作时间里较多的空闲和有效工作时间中较小的劳动强度等。上述两个目标之间有矛盾，增加闲暇时间可能减少当前或将来的报酬，努力增加报酬会牺牲闲暇时间。③规避风险。经营者努力工作可能得不到应有的报酬，他们的行为和结果之间有不确定性，经营者总是力图避免这种不确定性，希望能得到与其劳动付出相匹配的报酬。

（2）经营者对股东目标的背离。

经营者的目标和股东不完全一致，经营者有可能为了自身的目标而背离股东的利益。这种背离表现在两个方面：第一，道德风险。经营者为了自身的目标，可能不会尽最大努力去实现企业财务管理目标。因为股价上涨的好处将归于股东，如若失败，他们的"身价"将下跌，所以他们没有动力为提高股价而冒险。第二，逆向选择。经营者为了私利而背离为股东创造价值的目标。例如，装修豪华的办公室，买高档汽车等；借工作之便乱花股东的钱；蓄意压低股票价格，以自己的名义借款买回，导致股东财富受损，自己却从中获利。

为解决这一矛盾，应采取让经营者的报酬与绩效相关联的措施，并辅以一定的监督措施。①解聘，即通过所有者约束经营者。如果经营者决策失误，经营不力，未能采取有效措施使企业价值达到最大，就解聘经营者，经营者因担心被解聘而被迫去实现企业财务管理目标。②接收，即通过市场约束经营者。如果经营者决策失误，经营不力，且未能采取一切有效措施使企业价值提高，该公司就可能被其他公司强行接收或吞并，相应的经营者也会被解聘。因此，经营者为了避免出现这种情况，必将采取一切措施提高股票市价。③激励，即把经营者的报酬同其绩效挂钩，让经营者更愿意自觉地采取能满足企业价值最大化的措施。激励有两种方式：第一种是"股票期权"方式（即"股票选择权"），它允许经营者以固定的价格购买一定数量的公司股票，股票的价格越高于固定价格，经营者所得到的报酬就越多，经营者为了尽可能多地获取股票上涨带给自己的利益，就必然主动采取能够提高股价的行为；第二种是"绩效股"方式，它是公司运用每股收益、资产报酬率等指标来评价经营者的业绩，按其业绩大小给予经营者数量不等的股票作为报酬。如果公司的经营业绩未能达到规定目标，经营者也将丧失部分原先持有的"绩效股"，这种方式使经营者不仅为了多得"绩效股"而不断采取措施提高公司的经营业绩，而且为了实现每股市价最大化将会采取各种措施使股价趋于上升。

当然，不管采取哪一种措施，均不能完全消除经营者背离股东目标的行为，且采取任何一种措施，所有者都必须付出一定的代价。监督成本、激励成本和偏离股东目标的损失三者之间此消彼长，相互制约。股东要权衡轻重，力求找出能使三项之和最小的解决办法，即最佳的解决办法。

2. 所有者与债权人之间的协调

当公司向债权人借入资金后，两者也形成一种委托代理关系。所有者的财务目标与债权人期望实现的目标是不一致的。首先，所有者可能未经债权人同意，要求经营者将资金投资于比债权人预计风险要高的项目，使偿债风险加大，债权人的负债价值必然会降低。若高风险的项目成功，额外的利润就会被所有者独享；但如果项目失败，债权人却要与所有者共同承担由此造成的损失，这对债权人来说风险和收益是不对称的。其次，所有者或股东可能在未征得现有债权人同意的情况下，发行新债券或举借新债，致使原债务价值降低（因为相应的偿债风险增加）。

所有者与债权人的上述矛盾可通过以下两种方式协调解决：

第一，限制性借款，即通过借款的用途、借款的担保条款和借款的信用条件来防止和约束股东利用上述两种方法削弱债权人的债权价值。

第二，收回借款，不再借款。当债权人发现公司有侵蚀其债权价值的意图时，可以收回债权或不给予公司重新放款，从而保护自身的权益。

3. 所有者与社会公众之间的协调

企业总是存在于一定的社会关系之中，它除了与经营者和债权人之间有密切的财务关系，还必然会与其他相关利益者（如员工、政府、消费者、供应商及竞争对手等）发生各种各样的关系。这就会产生企业是否需要承担社会责任，如何承担社会责任的问题。企业所需要承担的社会责任与企业价值最大化目标有一致的一面，例如，为使股价最大化，企业必须生产出符合市场需要的产品，不断地开发新产品，降低产品成本，提高产品质量，增加投资，扩大生产规模，提供高效、优质的服务等，而当企业采取这些措施时，整个社会必将因此而受益。

另外，企业适当从事某些社会公益活动，承担一定的额外社会责任，虽然从短期来看增加了企业的成本，但却有助于改善和提高企业的社会形象与知名度，使企业对股票和债券的需求增加，从而使股价提高，这无疑是符合股东的最大利益的。但是，社会责任与企业价值最大化的目标又存在不一致的一面。例如，企业为了获利，可能生产伪劣产品；可能不顾工人的健康和利益；可能造成环境污染；可能损害其他企业的利益等。当企业存在这些行为时，社会利益将因此而受损。同时，企业承担过多的社会责任，必然会增加成本，降低每股盈余水平，从而导致股价下跌，减少股东的财富。

为解决这一矛盾，可以采取以下两种方式：

第一，法律法规。股东只是社会的一部分，他们在谋求自身利益的同时，不应损害他人的利益。政府要保证所有公民的正当权益。为此，政府颁布了一系列保护公众利益的法律，如《中华人民共和国公司法》《中华人民共和国反不正当竞争法》《中华人民共和国环境保护法》《中华人民共和国消费者权益保护法》和有关产品质量的法规等，依此调节股东和社会公众的利益冲突。

第二，舆论监督。法律因其滞后性而不可能解决所有问题，特别是在法律不健全的情况下，企业可能在合法的情况下从事不利于社会的事情。因此，企业除了要在遵守法律的前提下去追求企业价值最大化的目标，还必须受到道德的约束，接受政府以及社会公众的监督，进一步协调企业与社会的矛盾。

三、企业财务管理的基本原则

（一）坚持货币时间价值原则

货币时间价值是客观存在的经济范畴，它是指货币经历一段时间的投资和再投资所增加的价值。从经济学的角度看，即使在没有风险和通货膨胀的情况下，一定数量的货币资金在不同时点上也具有不同的价值。因此在数量上货币的时间价值相当于在没有风险和通货膨胀条件下的社会平均资本利润率。

货币时间价值原则在财务管理实践中得到广泛的运用。长期投资决策中的净现值法、现值指数法和内含报酬率法，都要运用到货币时间价值原则中；筹资决策中比较各种筹资方案的资本成本、分配决策中利润分配方案的制订和股利政策的选择，营业周期管理中应付账款付款期的管理、存货周转期的管理、应收账款周转期的管理等，都充分体现了货币时间价值原则在财务管理中的具体运用。

（二）坚持资金合理配置原则

拥有一定数量的资金，是企业进行生产经营活动的必要条件，但任何企业的资金总是有限的。资金合理配置是指企业在组织和使用资金的过程中，应当使各种资金保持合理的结构和比例关系，保证企业生产经营活动的正常进行，使资金得到充分有效的运用，并从整体上（不一定是每一个局部）取得最大的经济效益。在企业的财务管理活动中，资金的配置从筹资的角度看表现为资本结构，具体表现为负债资金和所有者权益资金的构成比例，长期负债和流动负债的构成比例，以及内部各具体项目的构成比例；企业不但要从数量上筹集保证其正常生产经营所需的资金，而且必须使这些资金保持合理的结构比例关系。

从投资或资金的使用角度看，企业的资金表现为各种形态的资产，各形态资产之间应当保持合理的结构比例关系，包括对内投资和对外投资的构成比例。对内投资中流动资产投资和固定资产投资的构成比例、有形资产和无形资产的构成比例、货币资产和非货币资产的构成比例等；对外投资中债权投资和股权投资的构成比例、长期投资和短期投资的构

成比例等；以及各种资产内部的结构比例。上述这些资金构成比例的确定，都应遵循资金合理配置原则。

（三）坚持成本—效益原则

成本—效益原则就是要对企业生产经营活动中的所费与所得进行分析比较，将花费的成本与所取得的效益进行对比，使效益大于成本，产生"净增效益"。成本—效益原则贯穿于企业的全部财务活动中。企业在筹资决策中，应将所发生的资本成本与所取得的投资利润率进行比较；在投资决策中，应将与投资项目相关的现金流出与现金流入进行比较；在生产经营活动中，应将所发生的生产经营成本与其所取得的经营收入进行比较；在不同备选方案之间进行选择时，应将所放弃的备选方案预期产生的潜在收益视为所采纳方案的机会成本与所取得的收益进行比较。

在具体运用成本—效益原则时，应避免"沉没成本"对决策的干扰，"沉没成本"是指已经发生、不会被以后的决策改变的成本。因此，在做各种财务决策时，应将其排除在外。

（四）坚持风险—报酬均衡原则

投资者要想取得较高的报酬，就必然要冒较大的风险，而如果投资者不愿承担较大的风险，就只能取得较低的报酬。风险—报酬均衡原则是指决策者在进行财务决策时，必须对风险和报酬做出科学的权衡，使所冒的风险与所取得的报酬相匹配，达到趋利避害的目的。在筹资决策中，负债资本成本低，财务风险大；权益资本成本高，财务风险小。

企业在确定资本结构时，应在资本成本与财务风险之间进行权衡。任何投资项目都有一定的风险，在进行投资决策时必须认真分析影响投资决策的各种可能因素，科学地进行投资项目的可行性分析，在考虑投资报酬的同时考虑投资的风险。在具体进行风险与报酬的权衡时，由于不同的财务决策者对风险的态度不同，有的人偏好高风险，高报酬，有的人更喜欢低风险，低报酬，但每一个人都会要求风险和报酬相对等，不会去冒没有价值的无谓风险。

（五）坚持收支积极平衡原则

财务管理实际上是对企业资金的管理，量入为出、收支平衡是对企业财务管理的基本要求。资金不足会影响企业的正常生产经营，错失良机，严重时，会影响到企业的生存；资金多余会造成闲置和浪费，给企业带来不必要的损失。收支积极平衡原则要求企业一方面要积极组织收入，确保生产经营和对内、对外投资对资金的正常合理需要；另一方面要节约成本费用，压缩不合理开支，避免盲目决策。保持企业一定时期资金总供给和总需求动态平衡和每一时点资金供需的静态平衡。要做到企业资金收支平衡，在企业内部，要增收节支，缩短生产经营周期，生产适销对路的优质产品，提高销售收入，合理调度资金，提高资金利用率；在企业外部，要保持同资本市场的密切联系，加强企业的筹资能力。

（六）坚持利益关系协调原则

企业是由各种利益集团组成的经济联合体。这些经济利益集团主要包括企业的所有者、经营者、债权人、债务人、国家税务机关、消费者、企业内部各部门和职工等。利益关系协调原则要求企业协调、处理好与各利益集团的关系，切实维护各方的合法权益，将按劳分配、按资分配、按知识和技能分配、按业绩分配等多种分配要素有机结合起来。只有这样，企业才能营造一种内外和谐、协调的发展环境，充分调动各有关利益集团的积极性，最终实现企业价值最大化的财务管理目标。

四、企业财务管理环境

环境是个相对的概念，它是相对于主体而言的客体。任何事物都是在一定的环境条件下存在和发展的，是一个与其环境相互作用、相互依存的系统。作为人类重要实践活动之一的财务管理活动也不例外。财务管理的主体，更准确地讲是核心，是财务管理人员。由财务管理人员编制的制度体系，以及财务管理人员从事的财务管理活动，这些是财务管理的内容，当然就不属于财务管理环境的范畴。因此，凡是与财务管理目标实现有关的，且不属于上述财务管理核心内容的都属于财务管理环境范畴。

因此，我们能从内涵的角度对财务管理环境进行描述："财务管理环境就是对财务管理目标实现有影响，对理解财务管理知识有帮助，除财务管理主体以外，对企业财务活动和财务管理产生影响作用的企业内外各种条件的统称。"[①]

企业财务活动在相当大的程度上受理财环境制约，如生产、技术、供销、市场、物价、金融、税收等因素。只有在理财环境的各种因素作用下实现财务活动的协调平衡，企业才能生存和发展。研究理财环境，有助于正确地制订理财策略。本书主要讨论对企业财务管理影响比较大的法律环境、金融环境和经济环境等因素。

（一）法律环境

市场经济的重要特征就在于它是以法律规范和市场规则为特征的经济制度。法律为企业经营活动规定了活动空间，也为企业在相应空间内自由经营提供了法律上的保护。影响

① 汪洋.财务管理［M］.合肥：中国科学技术大学出版社，2016：7.

财务管理的主要法律环境因素有企业组织形式和税收的法律规定等。

1. 企业组织形式

企业是市场经济的主体，不同类型的企业在所适用的法律方面有所不同。了解企业的组织形式，有助于企业管理活动的开展。企业可按照不同的标准进行分类，本书着重阐述企业依据组织形式进行的分类。

按其组织形式不同，可将企业分为独资企业、合伙企业和公司。

（1）独资企业。

独资企业是指依法设立，由一个人投资，财产为投资个人所有，投资人以其个人财产对公司债务承担无限责任的经营实体。独资企业特点：①只有一个出资者。②出资人对企业债务承担无限责任。在独资企业中，投资人直接拥有企业的全部资产并直接负责企业的全部负债，也就是说独资人承担无限责任。③独资企业不作为企业所得税的纳税主体。一般而言，独资企业并不作为企业所得税的纳税主体，其收益纳入所有者的其他收益一并计算缴纳个人所得税。

独资企业具有结构简单、容易开办、利润独享、限制较少等优点，但也存在无法克服的缺点：一是出资者负有无限偿债责任；二是筹资困难，个人财力有限，企业往往会因信用不足、信息不对称而存在筹资障碍。

我国的国有独资公司不属于本类企业，而是按有限责任公司对待。

（2）合伙企业。

合伙企业是依法设立，由各合伙人订立合伙协议，共同出资，合伙经营，共享收益，共担风险，并对合伙企业债务承担无限连带责任的营利组织。合伙企业的法律特征是：①有两个以上合伙人，并且都是具有完全民事行为能力、依法承担无限责任的人。②有书面合伙协议，合伙人依照合伙协议享有权利，承担责任。③有各合伙人实际缴付的出资，合伙人可以用资金、实物、土地使用权、知识产权或其他属于合伙人的合法财产及财产权利出资；经全体合伙人协商一致，合伙人也可以用劳务出资，其评估作价由全体合伙人协商确定。④有关合伙企业改变名称、向企业登记机关申请办理变更登记手续、处分不动产或财产权利、为他人提供担保、聘任企业经营管理人员等重要事务，均须经全体合伙人一致同意。⑤合伙企业的利润和亏损，由合伙人依照合伙协议约定的比例分配和分担；合伙协议未约定利润分配和亏损分担比例的，由各合伙人平均分配和分担。⑥各合伙人对合伙企业债务承担无限连带责任。

合伙企业具有开办容易、信用相对较佳的优点，但也存在责任无限、权力不易集中、有时决策过程过于冗长等缺点。

（3）公司。

公司是指依照《中华人民共和国公司法》（以下简称《公司法》）登记设立，以其全部法人财产，依法自主经营、自负盈亏的企业法人。公司享有由股东投资形成的全部法人财产权，依法享有民事权利，承担民事责任。公司股东作为出资者按投入公司的资本额享有所有者的资产收益、重大决策和选择管理者等权利，并以其出资额或所持股份对公司承担有限责任，我国《公司法》中所称公司是指有限责任公司和股份有限公司。

有限责任公司是指由 2 个以上 50 个以下股东共同出资，每个股东以其所认缴的出资额为限对公司承担有限责任，公司以其全部资产对其债务承担责任的企业法人。其特征有：①公司的资本总额不分为等额的股份；②公司向股东签发出资证明书，不发股票；③公司股份的转让有较严格限制；④限制股东人数，不得超过定限额；⑤股东不得少于规定的数目，但没有上限限制；⑥股东以其出资额为限对公司承担有限责任。

股份有限公司是指其全部资本分为等额股份，股东以其所持股份为限对公司承担责任，公司以其全部资产对公司债务承担责任的企业法人。其特征有：①将公司的资本划分为股份，每一股的金额相等；②公司的股份采取股票的形式，股票是公司签发的证明股东所持股份的凭证；③同股同权，同股同利，股东出席股东大会，所持每一份股有一表决权；④股东可以依法转让其持有的股份；⑤股东不得少于规定的数目，但没有上限限制；⑥股东以其所持股份为限对公司债务承担有限责任。

与独资企业和合伙企业相比，股份有限公司的特点：①有限责任。股东对股份有限公司的债务承担有限责任，倘若公司破产清算，股东的损失将以其对公司的投资额为限。而对独资企业和合伙企业，其所有者可能损失更多，甚至个人的全部财产。②永续存在。股份有限公司的法人地位不受某些股东死亡或转让股份的影响，因此，其寿命较之独资企业或合伙企业更有保障。③可转让性。一般而言，股份有限公司的股份转让比独资企业和合伙企业的权益转让更为容易。④易于筹资。就筹集资本的角度而言，股份有限公司是最有效的企业组织形式。因其永续存在以及举债和增股的空间大，股份有限公司具有更大的筹资能力和弹性。⑤对公司的收益重复纳税。作为一种企业组织形式，股份有限公司也有不足，最大的缺点是对公司的收益重复纳税：公司的收益先要缴纳公司所得税；税收收益以现金股利分配给股东后，股东还要缴纳个人所得税。

公司这一组织形式，不仅已经成为西方大企业所采用的普遍形式，也是我国建立现代企业制度过程中选择的企业组织形式之一。本书所讲的财务管理主要是公司的财务管理。

2. 税法

（1）税收的意义与类型。

税收是国家为了实现其职能，按照法律规定的标准，凭借政治权力，强制地、无偿地征收资金实物的一种经济活动，也是国家参与国民收入分配的一种方法，税收是国家参与经济管理，实施宏观调控的重要手段之一。税收具有强制性、无偿性和固定性三个显著特征。

国家财政收入的主要来源是企业所缴纳的税金，而国家财政状况和财政政策，对企业资金供应和税收负担有着重要的影响；国家各种税种的设置、税率的调整，具有调节生产经营的作用。国家税收制度特别是工商税收制度，是企业财务管理的重要外部条件。

企业的财务决策应当适应税收政策的导向，合理安排资金投放，以追求最佳的经济效益。

税收按不同的标准，有以下四种类型：①按征税物件的不同，可分为流转税类、收益税（所得税）类、财产税类、资源税类和行为税类等；②按中央和地方政府对税收的管辖不同，分为中央税（或称国家税）、地方税、中央与地方税共享三类；③按税收负担能否转嫁，可分为直接税和间接税；④按征收的实体来划分，可分为资金税和实物税。

（2）税法的含义与要素。

税法是由国家机关制定的调整税收征纳关系及其管理关系的法律规范的总称。我国税法的构成要素主要包括以下几个方面：

第一，征税人。征税人是代表国家行使征税职责的国家税务机关，包括国家各级税务机关、海关和财政机关。

第二，纳税义务人。纳税义务人也称纳税人或纳税主体，指税法上规定的直接负有纳税义务的单位和个人。纳税义务人可以是个人（自然人）、法人、非法人的企业和单位，这些个人、法人、单位既可以是本国人，也可以是外国人。

第三，课税对象。课税对象即课税客体，它是指税法针对什么征税。课税对象是区别不同税种的重要依据和标志。课税对象按其课税范围划分：以应税产品的增值额为对象进行课征；以应税货物经营收入为对象进行课征；以提供劳务取得的收入为对象进行课征；以特定的应税行为为对象进行课征；以应税财产为对象进行课征；以应税资源为对象进行课征。

第四，税目。税目亦称课税品目，指某一税种的具体征税项目。它具体反映某一单行税法的适用范围。

第五，税率。税率是应纳税额与课税对象之间的比率。它是计算税额的尺度，是税法中的核心要素。我国现行税率主要有比例税率、定额税率和累进税率三种。

第六，纳税环节。纳税环节是应税商品从生产到消费的整个过程中应纳税的环节。

第七，计税依据。计税依据是指计算应纳税金额的根据。

第八，纳税期限。纳税期限是指纳税人按税法法规规定在发生纳税义务后，应当向国家缴纳税款的时限。

第九，纳税地点。纳税地点是指缴纳税款的地方。纳税地点一般为纳税人的住所地，也有定为营业地、财产所在地或特定行为发生地的。纳税地点关系到税收管辖权和是否便利纳税等问题，在税法中明确规定纳税地点有助于防止漏征或重复征税。

第十，减税免税。减税免税是指税法对特定的纳税人或征税对象给予鼓励和照顾的一种优待性规定。我国税法的减免内容主要有以下三种：起征点、免征额和减免规定。

第十一，法律责任。法律责任是指纳税人存在违反税法行为所应承担的法律责任，包括由税务机关或司法机关所采取的惩罚措施。

（3）主要税种简介。

第一，增值税。增值税是以增值额为课税对象的一种流转税。所谓增值额，从理论上讲就是企业在商品生产、流通和加工、修理和修配各个环节中新增的那部分价值。增值税一般纳税人税率：销售商品税率为 13%，销售服务税率一般为 9%，特殊服务税率为 6%；小规模纳税人征收税率为 3%；出口税率为零。增值税属于价外税。

第二，消费税。消费税是对在我国境内从事生产、委托加工和进口应税消费品的单位和个人就其销售额或销售数量为课税对象征收的一种税。

第三，资源税。资源税是对在我国境内开采应税矿产品及生产盐的单位和个人就其应税资源销售数量或自用数量为课税对象征收的一种税。

第四，企业所得税。企业所得税是对企业纯收益征收的一种税，体现了国家与企业的分配关系。企业所得税适用于境内实行独立经济核算的企业组织，包括国有企业、集体企业、私营企业、联营企业、股份制企业和其他组织，但外商投资企业和外国企业除外。上述企业在我国境内和境外的生产、经营所得和其他所得，为应纳税所得额，按 25% 的税率计算缴纳税款。外商投资企业和外国企业所得税，以设立在我国境内的外商投资企业和外国企业为纳税人，适用于在中国境内设立的中外合资经营企业、中外合作经营企业和外商独资企业，以及在中国境内设立机构、场所，从事生产、经营和虽未设立机构、场所而有来源于中国境内所得的外国公司、企业和其他经济组织。上述外商投资企业和外国企业的生产、经营所得和其他所得为应纳税所得额，税率为 25%。

第五，个人所得税。个人所得税是对个人收入征收的一种税，体现国家与个人的分配关系。个人所得税税率设有 3% ~ 45%、5% ~ 35% 的超额累进税率和 20% 的比例税率。

总之，财务人员应当熟悉国家税收法律的规定，不仅要了解各税种的计征范围、计征依据和税率，而且要了解差别税率的制定精神，减税、免税的原则规定，自觉按照税收政策导向进行经营活动和财务活动。

3. 财务法规

财务法规是财务管理的工作准则。财务法规主要有企业财务通则和行业财务制度。

（1）企业财务通则。

企业财务通则是企业从事财务活动、实施财务管理的基本原则和规范。其内容主要包括对企业的资金筹集、资产管理、收益及分配等财务管理工作的基本规定。2006 年 12 月 4 日，财政部颁发了新的《企业财务通则》（财政部令第 41 号），于 2007 年 1 月 1 日起施行。修订的《企业财务通则》在财政对企业财务的管理方式、政府投资等财政性资金的财务处理政策、企业职工福利费的财务制度、规范职工激励制度、强化企业财务风险管理等方面进行了改革。

（2）行业财务制度。

由于不同行业的业务性质不同，具有各自的特点，在财务管理上有其具体不同的管理要求。而《企业财务通则》作为财务管理的基本制度，只能明确一些各类企业共同的和均能执行的原则，不可能太具体，也难以完全体现各行业的特点和要求。因此，在《企业财务通则》的基础上，需要再由国家统一制定各大行业的财务制度。

行业财务制度分别根据各行业的业务特点，对各行业企业财务管理从资金筹集到企业清算等全过程的具体内容和要求做出了具体的规定。因此，行业财务制度是整个财务制度体系的基础和主体，是企业进行财务管理必须遵循的具体制度。

除上述法规，与企业财务管理有关的其他经济法律、法规还有：企业财务会计报告条例、记账文件管理办法、会计从业资格管理办法、证券法、结算法、合同法等。财务人员应当熟悉这些法律、法规，在守法的前提下进行财务管理，实现企业的财务目标。

（二）金融环境

企业总是需要资金从事投资和经营活动。而资金的取得，除了自有资金，主要从金融机构和金融市场取得。金融政策的变化必然影响企业的筹资、投资和资金运营活动，所以金融是企业最为主要的环境因素，影响财务管理的主要金融环境因素有金融机构、金融工具、金融市场和利率等。

1. 金融机构

社会资金从资金供应者手中转移到资金需求者手中，大多要通过金融机构实现。金融机构包括银行业金融机构和其他金融机构。

银行业金融机构是指经营存款、放款、汇兑、储蓄等金融业务，承担信用中介的金融机构。银行的主要职能是充当信用中介、充当企业之间的支付中介、提供信用工具、充当投资手段和充当国民经济的宏观调控手段。我国银行主要包括各种商业银行和政策性银行。商业银行包括国有商业银行（如中国工商银行、中国农业银行、中国银行和中国建设银行）和其他商业银行（如广东发展银行、光大银行等）；国家政策性银行主要包括中国进出口银行、国家开发银行等。

其他金融机构包括金融资产管理公司、信托投资公司、财务公司和金融租赁公司等。

2. 金融工具

金融工具是在信用活动中产生的、能够证明债权债务关系并据以进行资金交易的合法凭证，它对于债权债务双方所应承担的义务与享有的权利均具有法律效力。金融工具一般具有期限性、流动性、风险性和收益性四个基本特征。①期限性是指金融工具一般规定了偿还期，也就是规定债务人必须全部归还本金之前所经历的时间。②流动性是指金融工具在必要时迅速转变为现金而不致遭受损失的能力。③风险性是指购买金融工具的本金和预定收益遭受损失的可能性，一般包括信用风险和市场风险两个方面。④收益性是指持有金融工具所能够带来的一定收益。

金融工具若按期限不同可分为货币市场工具和资本市场工具，前者主要有商业票据、国库券（国债）、可转让大额定期存单、回购协议等；后者主要是股票和债券。

3. 金融市场

金融市场是指资金供应者和资金需求者双方通过金融工具进行交易的场所。金融市场既可以是有形的市场，如银行、证券交易所等；也可以是无形市场，如利用电脑、电传、电话等设施通过经纪人进行资金融通活动。

（1）金融市场的功能与要素。

金融市场的主要功能有五项：转化储蓄为投资；改善社会经济福利；提供多种金融工具并加速流动，使中短期资金凝结为长期资金；提高金融体系竞争性和效率；引导资金流向。

金融市场的要素主要有：①市场主体，即参与金融市场交易活动而形成买卖双方的各经济单位；②金融工具，即借以进行金融交易的工具，一般包括债权债务凭证；③交易价格，反映的是在一定时期内转让资金使用权的报酬；④组织方式，即金融市场交易采用的方式。

从财务管理角度来看，金融市场作为资金融通的场所，是企业向社会筹集资金必不可少的条件。财务管理人员必须熟悉金融市场的各种类型和管理规则，有效地利用金融市场来组织资金的筹措和进行资本投资等活动。

（2）金融市场的种类。

金融市场按组织方式的不同可划分为两部分：一是有组织化的、集中的场内交易市场，即证券交易所，它是证券市场的主体和核心；二是非组织化的、分散的场外交易市场，它是证券交易所的必要补充，下面对第一部分市场的分类做介绍。

按期限划分为短期金融市场和长期金融市场。短期金融市场又称资金市场，是指以期限1年以内的金融工具为媒介，进行短期资金融通的市场。其主要特点有：①交易期限短；②交易的目的是满足短期资金周转的需要；③所交易的金融工具有较强的资金性。长期金融市场是指以期限1年以上的金融工具为媒介，进行长期性资金交易活动的市场，又称资本市场。其主要特点有：①交易的主要目的是满足长期投资性资金的供求需要；②收益较高而流动性较差；③资金借贷量大；④价格变动幅度大。

按证券交易的方式和次数分为初级市场与次级市场。初级市场也称一级市场或发行市场，是指新发行证券的市场，这类市场使预先存在的资产交易成为可能；次级市场，也称二级市场或流通市场，是指现有金融渠道的交易场所。初级市场可以理解为"新货市场"，次级市场可以理解为"旧货市场"。

按金融工具的属性分为基础性金融市场和金融衍生品市场。基础性金融市场是指以基础性金融产品为交易对象的金融商场，如商业票据、企业债券、企业股票的交易商场；金融衍生品市场是指以金融衍生品生产工艺为交易对象的金融市场。所谓金融衍生品是一种金融合约，其价值取决于一种或多种基础资产或指数，合约的基本种类包括远期、期货、掉期（互换）、期权，以及具有远期、期货、掉期（互换）和期权中一种或多种特征的结构化金融工具。

除上述分类，金融市场还可以按交割方式分为现货市场、期货市场和期权市场；按交易对象分为票据市场、证券市场、衍生工具市场、外汇市场、黄金市场等；按交易双方在地理上的距离而划分为地方性的、全国性的、区域性的金融市场和国际金融市场。

4. 利率

利率也称利息率，是利息占本金的百分比指标。从资金的借贷关系看，利率是一定时期运用资金这一资源的交易价格。资金作为一种特殊商品，以利率为价格标准的融通，实质上是资源通过利率实行的再分配。因此利率在资金分配及企业财务决策中起着重要作用。

（1）利率的类型。

利率可按照不同的标准进行分类：

按利率之间的变动关系，分为基准利率和套算利率。基准利率又称基本利率，是指在多种利率并存的条件下起决定作用的利率。所谓起决定作用是指，这种利率变动其他利率也相应变动。因此，了解基准利率水平的变化趋势，就可了解全部利率的变化趋势。基准利率在西方通常是中央银行的再贴现率，在我国是中国人民银行对商业银行贷款的利率。套算利率是指基准利率确定后，各金融机构根据基准利率和借贷款项的特点而换算出的利率。例如，某金融机构规定，贷款 AAA 级、AA 级、A 级企业的利率，应分别在基准利率基础上加 0.5%，1%，1.5%，加总计算所得的利率便是套算利率。

按利率与市场资金供求情况的关系，分为固定利率和浮动利率。固定利率是指在借贷期内固定不变的利率。受通货膨胀的影响，实行固定利率会使债权人利益受到损害。浮动利率是指在借贷期内可以调整的利率。在通货膨胀条件下采用浮动利率，可使债权人减少损失。

按利率形成机制不同，分为市场利率和法定利率。市场利率是指根据资金市场上的供求关系，随着市场而自由变动的利率；法定利率是指由政府金融管理部门或者中央银行确定的利率。

（2）利率的计算。

正如任何商品的价格均由供应和需求两方面来决定一样，资金这种特殊商品的价格——利率，也主要是由供给与需求来决定的。但除了这两个因素，经济周期、通货膨胀、国家资金政策和财政政策、国际经济政治关系、国家利率管制程度等，对利率的变动均有不同程度的影响。因此，资金的利率通常由三部分组成：①纯利率；②通货膨胀补偿率（或称通货膨胀贴水）；③风险收益率。利率的一般计算公式可表示如下：

利率＝纯利率+通货膨胀补偿率+风险收益率

纯利率是指在没有风险和通货膨胀情况下的均衡点利率；通货膨胀补偿率是指由于持续的通货膨胀会不断降低资金的实际购买力，为补偿其购买力损失而要求提高的利率；风险收益率包括违约风险收益率、流动性风险收益率和期限风险收益率。其中，违约风险收益率是指为了弥补因债务人无法按时还本付息而带来的风险，由债权人要求提高的利率；流动性风险收益率是指了为弥补因债务人资产流动不好而带来的风险，由债权人要求提高的利率；期限风险收益率是指为了弥补因偿债期长而带来的风险，由债权人要求提高的利率。

（三）经济环境

经济环境是指企业进行财务活动的宏观经济状况。

1. 经济发展状况

经济发展的状况对企业理财有重大影响。在经济增长比较快的情况下，企业为了适应这种发展并在行业中维持其地位，必须保持相应的增长速度，因此要相应增加厂房、机器、存货、工人、专业人员等，就通常需要大规模地筹集资金。在经济衰退时，最受影响的是企业销售额，销售额下降会使企业现金的流转发生困难，需要筹资以维持运营。

2. 通货膨胀

通货膨胀不仅对消费者不利，而且给企业带来很大困难。企业对通货膨胀本身无能为力，只能在管理中充分考虑通货膨胀的影响因素，尽量减少损失。企业有时可采用套期保值等办法减少通货膨胀造成的损失，如提前购买设备和存货，买进现货，卖出期货。

3. 利率波动

银行存贷款利率的波动，以及与此相关的股票和债券价格的波动，既给企业以机会也是对企业的挑战。在为过剩资金选择投资方案时，利用这种机会可以获得额外收益。例如，在购入长期债券后，由于市场利率下降，按固定利率计息的债券价格将上涨，企业可以出售债券获得较预期更多的现金流入。当然，如果出现相反的情况，企业会蒙受损失。

企业在选择筹资渠道时，情况与此类似。在预期利率将持续上涨时，以当前较低的利率发行长期债券，可以节省成本。当然，如果企业发行债券后利率下降了，企业要承担比市场利率更高的资金成本。

4. 政府的经济政策

政府具有调控宏观经济的职能，国民经济的发展规划、国家的产业政策、经济体制改革的措施、政府的行政法规等对企业的财务活动有重大影响。

国家对某些地区、某些行业、某些经济行为的优惠鼓励和有利倾斜构成了政府政策的主要内容。从反面来看，政府政策也是对另外一些地区、行业和经济的限制。企业在财务决策时，应认真研究政府政策，按照政策导向行事，才能趋利避害。

5. 同行业竞争

竞争广泛存在于市场经济之中，任何企业都不能回避企业之间、各产品之间、现有产品和新产品之间的竞争，涉及设备、技术、人才、营销、管理等各个方面。竞争能促使企业用更好的方法来生产更好的产品，对经济发展起推动作用，但对企业来说，竞争既是机会，也是威胁。为了改善竞争地位，企业往往需要大规模投资，成功之后企业盈利增加，若投资失败则竞争地位更为不利。

竞争是"商业战争"，综合了企业的全部实力和智慧，经济增长、通货膨胀、利率波动带来的财务问题，以及企业的对策，都将在竞争中体现出来。

第三节　大数据应用于财务管理的意义

　　企业是国民经济和社会发展与建设的主导力量，既要适应当今的经济形势，又要适应新的发展要求。尤其是随着大数据技术的深入，在客观上已经改变了企业经营数据的信息化状况，可以利用的数据信息也在日益普及。但是，在企业经营过程中，同样存在大量的风险。如果不能对其进行有效的管理，很可能会阻碍其发展，从而导致其在市场竞争中处于不利地位。因此，对企业进行财务管理的优化与改进就显得尤为重要。因此，在大数据的时代背景下，要对财务管理进行研究、调整、创新，使各方面的要素和资源都得到有效的整合。同时，要增强企业的市场意识，把握市场发展的主要方向和动向，在信息化建设中不断提升财务管理的效率和准确性，以保证公司的经营效益。

　　大数据应用于财务管理的重要意义体现在以下方面。

一、有助于强化企业的预算管理

　　加强企业的预算管理，是保证企业财务管理的有效手段。在我国，有相当数量的企业，其预算管理尚处在起步阶段。由于缺乏相应的数据支持，导致了企业的预算编制工作效率低下，没有确保预算资料的真实性和精确度。在对企业的预算数据进行分析时，往往不能很好地反映企业的发展状况，不能对企业的经营决策起到应有的作用。同时，也在某种程度上制约了企业的信息化发展，不能充分发挥其优势。为此，必须加强运用大数据技术，强化企业的预算管理，以改善企业的财务管理。

二、有助于促进财务信息的深入挖掘

　　随着全球经济一体化的不断深化，我国的企业面临着前所未有的机遇和挑战。在这个全球化的背景下，企业必须迅速建立起一套科学、合理的财务信息体系，以适应并引领市场的发展趋势。这一体系需要能够对各种财务数据进行全面的挖掘与收集，以帮助企业做出更明智的经营决策。

　　过去，企业主要依赖于财务报告来获取财务数据，但这往往只是一个静态的瞬间快照，缺乏对财务信息的准确判断和深入理解。在大数据时代，企业拥有了更多机会，可以利用先进的大数据技术建立一个科学的金融信息平台。这个平台可以集成来自各个部门和渠道的数据，实现全面的数据挖掘与分析，为企业提供全景式的财务数据，从而更好地进行经营决策和规划。

通过建立科学的金融信息平台，企业能够更好地了解自身的财务状况，包括收入、支出、利润等各个方面的数据。这有助于及时发现潜在的财务问题，制定有效的财务管理策略，降低风险并提高盈利能力。此外，这也有助于企业更好地理解市场趋势和竞争对手的动态，为公司的长期发展制定更明智的战略目标。

三、有助于实现财务管理精准化

在经济飞速发展的今天，各大公司的竞争也越来越激烈。因此，在大数据时代，要想更好地适应市场的发展，更好地参与到市场的竞争中去，企业管理者要从传统的会计核算模式过渡到动态的全过程管理，建立起精细的财务管理观念，并采取相应的对策。通过引入大数据，可以使企业的财务管理更加精细，减少企业的资本风险，从而提高公司的经营效率。而且，这也有助于企业经理做出正确的业务决定。通过对企业的财务数据进行细致的分析，为企业决策提供充分的依据。

四、有助于促进财务部门与业务部门的紧密联系

以往，传统的公司经营与财务经营是分离的，而财务与经营则是公司的核心，因此在经营与发展中起着举足轻重的作用。当一个部门的工作全部完成后，另一个部门的工作才能开始进行。随着大数据在企业中的广泛普及，公司的财务部门与业务部门的联系更加紧密，通过网络实现了对公司的数据和信息的快速、高效的传递。这为两个领域的沟通提供了很好的空间。事实上，财务和业务部门并非独立的，任何一个商业活动的实现，都离不开资本的支持与协作。大数据在企业的财务管理中的运用，可以有效地推动业务部与财务部的协作，推动企业的发展。

五、有助于实现财务管理信息化

随着科技信息技术如大数据的不断发展，企业的财务管理也越来越信息化。财务信息系统的建设，无疑能有效地提升企业的财务管理水平和工作效率，降低企业的运行成本，同时也能使企业的财务决策更加有效、准确。大数据使企业的财务管理和信息化水平得到了极大提高，使财务管理不再是单纯的记账，而是将数据应用到企业的各个方面，为企业提供有价值的信息。这极大地增强了企业财务管理的价值与功能。

第四节　大数据对企业财务管理的挑战

一、企业财务管理的难度逐渐增加

针对目前的大数据环境，对财务管理这一新的具有挑战性的课题进行了探讨。随着信息化进程的不断发展，数据信息的传递速度越来越快，数据信息的总量也越来越多，但是在企业的数据信息应用中，其工作效率却没有得到一定的提升。

在数据信息的大量涌入下，企业面临着数据信息筛选、信息采集、信息集成和分析等诸多问题。同时，由于企业的数据和信息资源的数据库不够完善，在信息采集、输出等方面存在一些漏洞和风险。因此，在解决上述问题时，必须对数据与资讯进行积极的分析与思考，以引导企业的发展与经营决策。

二、信息安全问题难以得到保障

在大数据时代，企业的信息化应用和信息化建设与企业的财务管理要求相结合，为企业的经营活动创造了有利的现实环境。但是，要提炼出大数据对企业数据的影响，目前在企业数据的信息化应用中，存在许多的安全隐患。首先，黑客入侵，是由于在市场竞争日趋激烈的情况下，将多家公司分割为竞争对手，从而造成数据信息泄露、被盗、丢失等问题。其次，信息的披露问题，当前的信息获得形式多种多样，但是由于信息的储存比较集中，使得企业的数据信息披露的风险大大增加。最后，我们也面临电脑病毒的威胁。人们普遍认为，在企业的财务管理中，大多数的信息传输都是由互联网来完成的。因此，在此过程中，其极易遭受电脑病毒攻击，对企业的资料及资讯安全构成威胁，造成企业财务损失。

为了解决以上问题，在当今信息化的可持续发展背景下，企业必须保证信息的安全性，其中包括防火墙技术、加密技术等。同时，要加大对信息安全的投资力度，发掘技术研发项目，健全相应的管理体系，保持信息安全、稳定的环境。

三、缺乏技术性财务人员

在大数据时代，企业财务管理对财务人员的专业素质、业务技能、职业道德等都有越来越高的要求。但是，从现实的角度来看，我国大部分的企业还普遍缺少专门的金融技术人员，这主要是由于对无纸化办公的不适应。在信息化的大环境下，企业的财务管理正在逐渐地朝着无纸化的方向发展。这样，有些人就会很难适应新型的办公方式。同时，在部分职工眼中，存在经验惯性、缺乏学习和提高自我意识等问题。在大数据的环境下，金融行业的专业技术水平越来越高。基于这一理论，企业财务管理已从以往的财务分析转向了财务预算管理、数据分析、经营决策等。要保证财务人员具有较强的专业素养，并不断提升自己的信息化技术，以有效地筛选、分析、梳理财务数据，提升数据的使用效率与水平，使之与企业的经营与发展决策相结合，为企业提供准确、可靠的财务资料，强化企业的知识基础，推动公司的持续、稳定发展。

第二章　大数据背景下企业财务分析

第一节　企业财务分析概述

一、企业财务分析的内涵与作用

（一）企业财务分析的基本内涵

现行财务分析的定义有多种表达形式。我国会计学界一般认为，"财务分析是以会计核算和报表资料及其他相关资料为依据，采用一系列专门的分析技术和方法，对企业等经济组织过去和现在有关筹资活动、投资活动、经营活动的偿债能力、盈利能力和营运能力状况进行分析与评价，为企业的投资者、债权人、经营者及其他关心企业的组织或个人了解企业过去、评价企业现状、预测企业未来做出正确决策提供准确的信息或依据的经济应用学科"。[①]

要正确地理解财务分析基本内涵，必须搞清以下几个问题：

第一，财务分析是一门综合性、边缘性学科；财务分析学是一门边缘性学科。财务分析学是在企业经济活动分析、财务管理、会计学基础上形成的一门边缘性学科。是适应现代经济体制和现代企业制度的需要，在以上相关学科中有关财务分析的内容与方法基础上形成的一门学科。它不是对原有学科中关于财务分析问题的简单重复或拼凑，而是根据经济理论和实践的要求，在相关学科基础上构建的独立的、系统的理论体系。

第二，财务分析有完整的理论体系。随着财务分析学的产生与发展，财务分析理论体系还将不断完善。本书认为，财务分析的理论体系由目标、环境、假设、原则、内容、方法及指标各要素构成。随着人们认识的深化，财务分析学的理论体系将更加完善。

第三，财务分析有健全的方法论体系。财务分析实践使财务分析的方法不断发展和完

[①]　章卫东. 企业财务分析［M］. 上海：复旦大学出版社，2014：7.

善，它既有财务分析的一般方法或步骤，又有财务分析的专门技术方法。趋势分析法、比率分析法等都是财务分析的专门和有效的方法。

第四，财务分析有系统和客观的资料依据。财务分析的最基本和主要的资料是财务会计报表。财务报表体系结构及内容的科学性、系统性、客观性为财务分析的系统性与客观性奠定了坚实的基础。另外，财务分析不仅以财务报表资料为依据，而且还参考成本会计、财务管理、市场信息及其他有关资料，使财务分析资料更加真实、完整。

第五，财务分析有明确的目的和作用。财务分析的目的由于财务分析的主体不同而不同，投资者、经营者和债权人各有其不同的分析目的。至于财务分析的作用，它不仅可分析过去，而且可以评价现在和预测未来。这些目的和作用是其他学科所不能完全达到的。财务分析的目的受财务分析主体和财务分析服务对象的制约。从财务分析的服务对象看，财务分析不仅对企业内部生产经营管理有重要的作用，而且对企业外部投资决策、贷款决策、赊销决策等有重要作用。从财务分析的职能作用来看，它对预测、决策、计划、控制、考核、评价都有重要作用。

（二）财务分析的重要作用

财务分析是以企业财务报告反映的财务指标为主要依据，对企业的财务状况和经营成果进行评价和剖析，以反映企业在运营过程中的利弊得失、财务状况及发展趋势，为改进企业财务管理工作和优化经济决策提供重要的财务信息。财务管理是企业内部管理的重要组成部分，而财务分析则在企业的财务管理中又起着举足轻重的作用，强化财务管理理念、财务分析程序和财务分析方法对提高企业财务管理水平均具有重要作用。

第一，财务分析是评价企业经营业绩及财务状况的重要依据。通过企业财务状况分析，可了解企业现金流量状况、营运能力、盈利能力、偿债能力，有利于管理者及其相关人员客观评价经营者的经营业绩和财务状况，通过分析比较，将可能影响经营成果与财务状况的微观因素和宏观因素、主观因素和客观因素加以区分，划清责任界限，客观评价经营者的业绩，促进经营管理者的管理水平更好提高。根据财务状况的分析结果，可监督企业贯彻执行国家方针、政策、法令，法规及税金、利润的完成及上缴情况。随着我国改革的不断深入，政府对企业的管理也已由微观管理转向宏观调控，因此，客观有效的财务分析数据对国家相关部门制定经济政策及判断宏观经济运行情况起重要作用。

第二，财务分析是为债权人、投资者提供正确信息以实施决策的工具。企业的投资者可通过财务分析了解企业的获利和偿债能力，预测投资后的风险程度及收益水平，从而做出正确决策。目前，企业投资主体逐渐多元化，债权人已不仅局限在国家银行。此种情况下，各方面潜在的债权人和投资者在决策上就会考虑到企业的经营现状，他们的信贷和投资等决策就需要通过考察企业的财务状况，对其进行分析，之后再做出决策。因此，财务分析成为市场经济条件下满足各类债权人和投资者所需信息的重要分析方法。

第三，为企业内部管理人员了解经营情况及方向、挖掘潜力、找出薄弱环节提供依据。为了提高经济效益、加强管理、提供可靠资料，企业的管理人员通过对其成本利润情况的了解，及时发现企业存在的问题，进而采取对应措施，改善其经营管理模式，使企业经济效益提高。

第四，财务分析是实现企业价值最大化和实现理财目标的重要手段。通过对财务状况进行分析，可以挖掘潜力，找差距，多方面揭露矛盾，找出未被利用的人力、物力资源并有效整合，以促进企业经营活动朝健康方向发展，按照企业价值最大化目标运行。

二、企业财务分析的目的

（一）企业财务分析的一般目的

财务分析的一般目的有三个，具体如下：

其一，掌握企业生产经营的规律性。企业的生产经营活动随着生产的发展和业务量的大小等遵循一定的规律性。不同的行业，由于销售的不同特点，对资金的占用、需求遵循不同的规律。例如，商业企业的日常现金收支量大，商品周转频繁，而设备制造企业每笔业务资金需求量大，资金周转慢，需要的运营资金多。财务分析就是要通过对有关数据进行分析从而掌握资金运动的这种规律性，做到心中有数。一家营业额为 1 亿元的服装公司，它的存货、流动资产、固定资产之间的合理比例应该是多少？结构不合理可能产生的问题是什么？即使在同一行业，也由于产品品种、经营规模和管理水平的不同，而对资金的需求和运用有着不同的特点与规律。财务分析就是要掌握和认识企业生产经营中资金运动的变化规律，为企业的财务管理和生产经营服务。

其二，了解企业的经营管理现状和存在的问题。企业生产经营的规律性具体反映在财务分析指标的各项数值中。通过指标数值的比较，可以发现经营管理问题，找出差距，为企业的经营决策服务。例如，资产负债率为 85%，说明企业的资金只有 15% 是所有者的资金。企业现金支付能力为负，说明企业面临支付危机，必须进行短期融资活动。通过财务分析，可以及时诊断企业的"健康"状况，为企业的决策和日常管理服务。

其三，弄清企业的优势和弱点，做到知己知彼，为企业在市场上开展竞争和制定发展战略服务。企业的优势和弱点反映在企业偿债能力、收益能力、发展潜力等各项指标数值上。一个服装企业、一个家电企业或者在同一行业中规模不同的企业，即使它们的年营业额和年末存货都分别是 1 亿元和 2000 万元，但它们所揭示的财务状况、经营成果和企业所具有的优势和劣势则不同。通过分析有关指标，可认清企业的优势和弱点，制定经营管理策略和发展战略。同时，通过比较和分析这些指标，还可弄清竞争对手的优势和弱点，以便采取有效的竞争策略。

（二）企业财务分析的最终目标

财务分析的最终目标是为财务报表使用者做出相关决策提供可靠的依据。财务信息与决策密切相关，它是决策过程中不可缺少的依据。由于进行财务分析并做出决策的主体各不相同，他们对财务会计报告分析的目标也各不相同。

（三）企业财务分析的具体目标

财务分析的主体是指与企业存在一定的现时或潜在的经济利益关系、为特定的目的对企业进行财务分析的单位、团体和个人。一般而言，与企业有着经济利益的方方面面都会成为企业财务报表的用户，并且他们站在各自的立场上，为各自的目的对企业的财务状况、经营成果及现金流量进行分析和评价。这些用户均构成财务分析的主体，包括企业所有者、企业贷款人、经营管理者、供应商和客户、政府部门、职工及潜在投资者等。

财务会计报告分析的具体目的有以下七个方面。

1. 企业所有者的财务分析目的

按照现代企业理论，股东或业主是企业的所有者，拥有企业净资产的所有权，他们与企业经营者之间是委托代理关系。由于现代企业所有权与经营权的分离，作为委托代理关系的委托人，一方面，他们有权要求企业提供有关财务信息，了解企业财务状况、经营成果及现金流量，对其投资风险和投资回报做出估计与判断，为投资决策提供依据；另一方面，委托人需要选择优秀的经营管理者从事企业的经营活动，只有通过财务信息对企业经营者受托责任的履行情况进行分析评价，才能为选择经营管理者提供依据。因此，企业所有者是最重要的主体，他们对企业的投资回报及投资风险最为关注。

对一般投资者来讲，他们更关心企业提高股息、红利的发放水平；而对拥有企业控制权的投资者来讲，他们考虑更多的则是如何增强竞争实力、扩大市场占有率、降低财务风险和减少纳税支出，追求长期利益的持续、稳定增长。另外，对上市公司的股东而言，他们还关心公司股票的市场价值，关心其在二级市场上的投资收益和风险。

2. 企业贷款人的财务分析目的

企业贷款人包括向企业提供信贷资金的银行、公司及债券持有者等。债权人因为不能参与企业剩余收益分配，决定了债权人必须对其贷款的安全性首先予以关注。因此，债权人在进行企业财务会计报告分析时，最关心的是自己的贷款风险，必须判断企业是否有足够的支付能力，以保证其债务本息能够及时、足额地得到偿还。而企业的财务报表恰恰能够帮助贷款人判断企业的偿债能力。因此，贷款人需要对企业的信用和风险情况及其偿债能力进行分析。

短期债权人和长期债权人关注的重点有所不同。短期借款须动用企业当期的资产偿付，所以，短期贷款人关心企业的财务流动性超过企业收益性，更重视对企业短期财务状况和短期偿债能力的分析。长期贷款须由企业在数个会计年度内偿付，因而，长期贷款人更重视企业未来较长时间内的偿债能力分析，要求根据企业现在的经营情况和财务状况预测其未来的经营前景、收益能力和偿付能力。

3. 企业经营管理者的财务分析目的

按照现代企业委托代理理论，企业经营管理者受托代理企业的经营管理业务，对股东投入的资本负有保值和增值的责任。他们负责企业的日常经营活动，必须确保企业能支付给股东与其风险相适应的收益，及时偿还各种到期债务，并使企业的各种经济资源得到有效利用。为满足不同利益主体的需要和协调各方面的利益关系，企业经营者必须对企业经营理财的各个方面（包括营运能力、偿债能力、盈利能力及社会贡献能力）的全部信息予以详尽的了解和掌握，以便及时发现问题、采取对策，规划和调整市场定位目标、策略，以进一步挖掘潜力，为经济效益的持续稳定增长奠定基础。为此，经营者的财务分析目的为：①了解企业资产的收益能力和流动能力；②了解企业资产存量结构和权益结构；③预测企业未来的收益能力和流动能力；④进行财务筹资和投资决策；⑤评价企业各项决策的执行情况。

4. 供应商和客户的财务分析目的

供应商是企业原材料等资源的提供者，在现代企业契约关系中，供应商是企业的经济利益关系人。在赊购业务过程中，企业与供应商形成了商业信用关系，他们必须判断授信企业的信用状况、风险情况及偿债能力，因此，供应商和贷款人类似，他们对企业的信用和风险情况及其偿债能力尤为关注。

企业商品的消费者是客户，他们也是企业的经济利益关系人。企业在为客户提供商品和劳务时，同时承担着商品质量担保的义务。客户关心的是企业连续提供商品和劳务的能力，希望通过财务信息了解企业销售能力和企业发展能力。

5. 政府部门的财务分析目的

政府与企业的关系表现在多种形式上。政府一方面可以通过持有股权对企业行使全部或部分的业主权益，此时政府除了关注投资所产生的社会效益，还必然对投资的经济效益予以考虑，在谋求资本保全的前提下，期望能够同时带来稳定增长的财政收入；另一方面，政府对几乎所有企业实行程度不同的管制，此时政府是以社会管理者的身份利用企业财务报表，吸取对其宏观经济管理、制定宏观经济政策有用的信息。

因此，政府在考虑企业经营理财状况时，不仅需要了解企业资金占用的使用效率，预测财务收入增长情况，有效地组织和调整社会资金资源的配置，而且还要借助财务会计报告分析、检查企业是否存在违法违纪、浪费国家财产的问题，最后通过综合分析，对企业的发展后劲以及对社会的贡献程度进行分析考察。

6. 职工的财务分析目的

企业的职工通常与企业存在长久、持续的关系。他们关心工作岗位的稳定性、工作环境的安全性及取得报酬的持续性和增长性。因此，他们关注企业的盈利能力及发展前景。

7. 潜在投资者的财务分析目的

潜在投资者的投资目的尽管千差万别，但都是出于对投资收益和资源的有效利用的考虑，因此，为了对自己的未来投资收益率做出合理的判断和评估，他们理所当然地会关注未来投资对象的财务状况和经营成果。

总之，由于企业财务分析主体构成的多元化导致了目标的多元化，从而构成财务分析的目标体系，分析目标的不同又导致了分析内容的不同。例如，投资者投资的目的都是为了取得盈利，但在盈利过程中也伴随投资风险，所以，他们的分析内容是企业经营趋势、投资风险、收益的稳定性和盈利能力的大小；而债权人在确定或修正与企业的借贷关系时，为了保证其债权能如期完整地偿还，则要分析资产的安全性、企业的偿债能力和盈利能力。从企业的管理者来看，企业使用这些资产的目的是追求最大限度的利润，企业对所有者及债权人承担着资产经营管理的责任，即资产必须保值和增值，对资产的运用要能够使企业自我生存和发展，并向所有者提供投资收益和按约定条件向债权人偿付资产。要达到这些目的，管理者必须通过常抓不懈的分析来对企业经营和理财的各方面工作进行评价，剖析企业当前财务状况和财务成果产生的原因，洞察企业经营中的风险性以及资产运用中的安全性和效益性，把握企业的发展趋势，为企业经营决策和控制提供依据。会计师事务所的目的是向投资者及有关单位确定企业提供的经营成果和财务状况的真实性、合法性、一致性等，要对企业财务报告进行查证、分析；财政、税收部门、银行等为了取得宏观调控需要的资料，也要对企业税金的缴纳、贷款的运用等方面进行分析。

尽管不同利益主体进行财务会计报告分析有着各自的侧重点，但就企业总体来看，财务会计报告分析可归纳为偿债能力分析、营运能力分析和盈利能力分析。其中，偿债能力是财务目标实现的稳健保证，营运能力是财务目标实现的物质基础，盈利能力是两者共同作用的结果，同时也对两者的增强起着推动作用。三者相辅相成，共同构成企业财务会计报告分析的基本目标与内容。

三、企业财务分析的标准与程序

（一）企业财务分析的标准

财务分析标准是财务分析过程中评价分析对象的基准。任何事物都必须有比较才有鉴别，才能分出优劣。财务分析的过程实质上是采用特定的方法进行比较的过程，而比较的基准就是财务分析标准。

1. 企业财务分析标准的方式

财务分析标准有不同的分类方式，按照标准制定级别的不同可分为国家制定标准、企业制定标准及社会公认标准；按照分析比较依据的不同可分为经验标准、行业标准、历史标准、目标标准等；按照分析者的不同可分为内部分析者使用标准和外部分析者使用标准。下面对经验标准、行业标准、历史标准、目标标准进行具体分析。

（1）经验标准。经验标准是指这个标准的形成依据大量的实践经验的检验。经验标准只是就一般情况而言，并不适用于一切领域或一切情况的绝对标准。例如，现金比率和速动比率、流动比率一样是衡量公司资产的流动性，现金比率一般认为20%以上为好，但各个行业不一样，商业企业往往高于传统制造业。

（2）行业标准。行业标准是指同行业在一定时期内的平均水平，是根据行业的有关资料通过统计的方法测算出来的。企业可以将本企业的实际数据与行业标准进行对比，了解自己与行业水平的差异，判断企业在行业水平中的优劣等级，判断企业在行业中所处的地位，为管理者决策提供依据。同时，也为制定企业的目标标准提供参考。

（3）历史标准。历史标准是以本企业过去某一时间的实际业绩为标准。历史标准可选择企业的最佳状况或最近一期的状况作为比较基准。这种标准对评价企业自身经营状况和财务状况是否改善是非常有益的。由于各企业的实际情况千差万别，企业的财务状况和经营成果必然受到各种因素的影响，用发展的眼光看待企业，将其实际数据与企业历史上的最高水平或上期水平进行对比，以判断企业的发展状况。

（4）目标标准。目标标准是根据企业内部或外部有关背景资料和企业发展规划的要求所确定的企业预期达到的最佳或理想标准，如计划标准、定额标准等。企业可以将实际发生数据与目标标准进行对比，了解和分析其差异，进而分析产生差异的原因，为财务管理决策提供依据。目标标准将行业标准和历史标准相结合，能比较全面地反映企业的状况。

目标标准主要适用于内部分析者进行内部考核，对外部财务分析作用不大。目标标准的确定容易受人为因素影响，缺乏客观依据。

2. 企业财务分析标准的选择

上述分析标准的实质是从不同的侧面形成比较的参照物，在实际财务分析中，分析者可以根据分析的目的，选择恰当的分析标准。如果是分析企业的预算执行情况，则使用目标标准；如果是对企业的发展趋势进行分析，则使用历史标准；如果是外部分析者对企业进行独立分析，则应使用行业标准。在进行实际财务分析时，分析标准的选择是比较灵活的，有时只选择一种标准，有时是几种标准并用，以对企业的财务状况和经营成果进行全方位的评价。

（二）企业财务分析的一般程序

有效的财务分析必须包括以下五个相互关联的步骤：

1. 确定企业所处特定产业（或行业）的经济特征

财务分析能不能够在企业范围内完全解决？现在看来是有问题的。因为财务报表与企业财务特性之间关系的确定不能离开产业经济特征的分析，换句话说，同样的财务报表放在不同产业的企业中，它所体现的经济意义和财务特性很可能完全不同，如零售业、钢铁业、房地产业就有着差别很大的财务比率；又如，高科技产业与传统的产业不仅在产业经济特征上有很大的差别，而且决定其竞争地位的因素也各不相同。在财务分析时，产业经济特征是一个非常重要的分析基础，只有了解和确定一个企业所处特定产业的经济特征，才有可能真正理解财务报表的经济意义，并发挥财务分析在管理决策中的作用。如果缺乏对所处产业经济特征的把握，就意味着企业财务分析人员把自己孤立在一个小圈子里面，不知道企业所处的环境和产业发展前景及其影响与竞争地位。

在实际工作中，有许多认定产业（甚至企业）经济特征的模式，最常用的是五个层面的经济属性模式，这五个层面包括需求、供应、生产、营销和财务。其中，需求属性反映顾客对产品或服务价格的敏感性，产业成长率、对商业周期的敏感程度、季节性影响等都是评估需求的重要因素。供应属性是指产品或服务在提供方面的特征。在某些产业中，许多供应商提供的产品或服务是非常相似的，而在另外一些产业中，则只有非常有限的几家供应商。人们通常用产业进入的难易程度来判断供应，就生产属性而言，某些企业纯粹是劳动密集型的，而有些企业是资本密集型的，在分析生产属性时，制造过程的复杂程度也是一个重要的判断标准。产业的营销属性涉及产品和服务的消费者、分销渠道，有些产业的营销特别费劲，而另一些产业的营销则容易得多。对财务属性的认定重点是要明确与企业资产结构和产品特征相配的负债水平与类型，对那些成熟、盈利的公司来说，其对外举债一般都比新办的公司少。此外，某些产业由于产品寿命短（如个人计算机制造业）或长期发展前景令人怀疑（如传统的钢铁制造业），风险高，一般不能承受高水平的对外负债。

确定企业所处产业的经济特征是有效财务分析的第一步。通过产业经济特征的确定，一方面为理解财务报表数据的经济意义提供了一个"航标"，另一方面又缩短了财务比率和相关指标与管理决策之间的距离，从而使财务分析的信息对管理决策变得更加有意义。

2. 确立企业为增强竞争优势而采取的战略

财务分析与企业战略有着密切的联系，如果说产业经济特征是财务分析人员理解财务报表数据经济意义的"航标"，企业战略就是财务分析人员在财务分析中为管理决策做出相关评价的具体指南。离开企业战略，财务分析同样会迷失方向，财务分析就不可能真正帮助管理决策做出科学的评价。因此，在有效的财务分析模式中，紧接着产业经济特征分析的就是要确定企业战略。

企业之所以要确立其战略并将其与竞争者区分开来，完全是出于竞争的需要。尽管一个产业的经济特征在一定程度上限制了企业在制定与同行业其他竞争者进行竞争的战略弹性，但许多企业仍然通过制定符合其特定要求的、难以被仿制的战略以创造可持续的竞争优势。影响企业战略的主要因素包括地区和产业多元化、产品和服务特征等，有效的财务分析应当建立在对企业战略的理解基础之上。也就是说，应当理解不同的企业是如何对制约发展的因素做出积极反应以及怎样维护已制定的战略的。为了理解一个企业的战略，财务分析人员不仅要认真地看其战略计划，还要考察其实施计划的各种具体行动。此外，对竞争企业之间战略的比较也是必不可少的。

3. 理解和净化企业的财务报表

尽管财务报表是用于管理决策的，但财务报表编制的目的与财务分析的目的毕竟有很大的差别。所以财务分析人员在利用财务报表时，对财务报表本身也有一个理解和净化的过程。

所谓理解，是指要了解财务报表的局限，如企业管理当局所做的"盈利管理"导致财务报表的不可靠和不公允；所谓净化，是指财务分析人员对财务报表中的关键项目（如利润额）所做的调整，以增强其可靠性和公允性。

财务分析人员在净化财务报表的过程中，主要应当注意以下几个方面：

一是不重复发生的项目或非常项目。这些项目对盈利的影响是暂时性的，在评估企业真正的经营业绩之前应重点考虑剔除。

二是研究与开发等支出。研究与开发、广告、人力资源培训等支出的人为安排直接影响企业在不同会计期间的盈利，在财务分析时，对这些支出的人为安排保持一定的警惕是十分必要的。同样，在评估一个企业的持续经营业绩时，对这些人为的安排进行调整或许是需要的。

三是盈利管理。许许多多的实证研究表明，在企业中存在大量的盈利管理行为。例如，在会计方法的选择上提前确认收入和延迟确认费用；又如，在对固定资产折旧和工程完工进度等会计方法的应用与会计估计的变动、会计方法运用时点的选择和交易事项发生时点的控制过程中，刻意去迎合管理当局的要求，这些盈利管理都可能导致企业财务报表的偏差和不准确。在财务分析时，对它们进行调整是必不可少的。所有这些调整对财务分析人员来说都是对财务报表的净化。

然而，令人遗憾的是，并不是所有的企业都提供了财务分析人员在对财务报表关键项目进行调整时需要的资料。在这种情况下，财务分析人员应清醒地认识到财务报表的局限性，并在解释财务报表的数据时充分考虑这一因素具有特别重要的意义。

4. 科学运用财务比率和相关指标评估企业的盈利能力与风险

在财务分析中，人们比较熟悉财务比率和相关指标的计算，如流动比率、资产负债率、权益回报率等财务比率以及共同比报表、有关的增长率和完成百分比等。但是，对如何科学地运用这些比率和指标评估企业的盈利能力与风险则做得还很不够。然而，财务比率没有标准，只有将它们与产业特征、企业战略，甚至商业周期等联系起来才会有意义。因此，财务分析不仅仅是对财务会计数据的分析。

在财务分析中，最重要的工作应当是将某一企业的财务数据放在产业经济、证券等资本市场大环境中进行多方对比和深入分析，将财务数据与企业的战略联系起来考察现有的优势和劣势，并科学地评估企业的盈利能力和风险。

5. 为管理决策做出相关的评价

财务分析的主要目的是为管理决策做出相关的评价。管理决策是一个范围很广的概念，就财务分析而言，这里的管理决策主要包括投资决策和信贷决策，这两种决策都涉及企业估值问题；而要对企业的价值进行评定，又必须回到盈利能力和风险评估上，盈利能力和风险评估一个也不能少。

财务比率和指标有很多，哪些比率与管理决策更相关？怎样的比率与怎样的决策更相关？流动比率和资产负债率对评估企业的偿债能力是否很有用？美国的实证研究表明，在评估企业的偿债能力和破产风险中，资产收益率最有用，其次是现金流量与总负债的比率，最后才是营运资本与总负债的比率、资产负债率和流动比率。因此，必须以实际的资料为依据，进一步研究财务比率和相关指标与某一特定管理决策的相关性问题。

为了发挥财务分析在管理决策（特别是企业估价）中的作用，必须运用以上五个相互关联的步骤，这五个步骤构成了一个有效的财务分析模型。它不仅给分析人员提供了管理决策评价的合理的假设（产业经济特征、企业战略和净化了的财务报表），而且还为财务分析本身如何为管理决策服务提供了一个合乎逻辑的理性指南。

第二节　大数据背景下企业财务数据 SWOT 分析

财务数据作为企业内部最重要的信息资料，具有巨大的实际价值，针对企业财务数据进行专业化分析，能够使企业合理规避风险。大数据背景下的财务数据具有更多的不稳定性、不确定性，如果企业能够精准掌控大数据与企业财务数据之间的关系，就能提升企业在市场中的核心竞争力。

一、传统企业财务数据分析的困境

第一，传统财务数据分析主要面对的是财务会计方面的问题，具体实施具有统一的规范，只能在财务会计层面使用数据信息，无法全面地、结构化地分析企业数据的真实情况。

第二，数据真实性、可靠性问题较大，由于传统财务数据依赖于手工记账凭证、原始单据和原始发票等实物载体，这些载体在转移的过程中会被许多人员暂时持有，容易出现原始单据的丢失、篡改、造假等情况，最终会加大财会人员对账目处理的难度，降低效率。

第三，数据的及时性得不到保障。财务分析的基础是财务数据的收集，传统的财务数据收集依赖于实体凭证、单据以及盘亏盘盈记录，这不仅花费人力，而且耗时较长，很多时效性数据得不到及时处理，对于财务数据分析带来的麻烦，使得财务数据使用者无法准确了解情况进行合理风险判断和制定决策。

第四，数据保存困难。由于按照传统财务处理方式，很多数据依赖于实体凭证的记载，基本构建在本地信息处理模式的基础之上，从使用者的角度来看，本地信息处理模式能够灵活便捷地匹配数据使用者的需求，有利于组织结构的稳定性。但是随着财务数据信息量的增大，可收集范围也扩大，带来了很多负面影响，比如维护成本的增加、人员管理费用的增加以及资产的占用比率增加等，这些方面在很大程度上限制了财务数据的保存。

第五，过分关注事后补救，忽略事前风险控制。在传统的财务管理模式中，管理者或者财会人员通常会预先设置因果关系，分析数据的成因和数据带来的结果，通过设定关键绩效指标（KPI）以及设定目标期望值来监管其他部门的执行情况。当 KPI 结果发生偏离之后，管理者才对其数据进行分析，以求找到原因，再进一步研究处理方法和解决措施。管理者忽略事前风险控制，无法规避一些潜在风险隐患，往往会给企业带来损失。

二、大数据环境对企业财务数据分析影响的表现

首先，"更广"意味着大数据不是随机抽样调查或者集中数据分析，而是采取对全体数据的统计与分析。早期的传统财会人员由于对计算机使用能力不足，并且受到外部环境（比如地理位置、交通工具、办公用品等）的限制，没有条件对数据运算群进行分析和判断，很多时候只能通过对周边认知范围的抽样调查和集中统计进行有选择性的处理。但是由于统计学科的发展以及大数据的诞生，在具备相应条件之后，财务数据分析则进入了跨国家、跨地域、跨民族的数据分析环境，改变了以往单一的样本数据模式。

其次，"更复杂"意味着大数据下的财务数据更讲究混杂性，和以往财务数据的精准性不同的是，传统财会人员讲究的是细心、耐心、准确，在财务报表分析中更讲究对数字的细心，对待算账、制作汇总表更耐心，然后对待财务原始数据更准确。由于时代的进步与发展，企业财务数据更复杂，有些数据不能根据传统单一的原始凭证进行定义，而是需要结构化数据进行分析和讨论。在数据爆炸的现在，大量的数据都是非结构化的，但对于财会人员来说，将非结构化的财务数据进行结构化的处理是一个难度不小的挑战。

最后，"更不稳定"代表着财务数据会因为时间、空间的变化而发生改变，对于传统的财务数据来说，大数据背景下的财务数据每时每刻都在发生变化，比如股票市场，同一天的上午和下午的涨停与跌停幅度相差很大，不同证券交易所（上海证券交易所、深圳证券交易所、美国纳斯达克证券交易所）上市的股票财务数据变化也无法估量。因此，对财务数据不稳定性保持敏感态度是现时代财务人员应具备的能力和未来学习的方向之一。

三、大数据背景下企业财务数据的 SWOT 具体分析

大数据信息主要包括结构化信息、半结构化信息以及非结构化信息，对于每种信息源的处理方式可以不一致，但是要保证信息源数据的稳定性和准确性。大数据信息系统主要是对基础数据进行相关性整理，将已知的信息经过提炼或转化处理，可以得到对企业有价值的数据分析源。管理者可以将相关联的知识进行融合，依靠自身的知识、能力和经验进行判断，制定出合理的决策以供企业管理运营模式进行分析参考。

大数据依赖于相关性研究，大数据背景下的企业财务分析缺乏的就是管理者或财会人员对相关性要素的提炼与转化，无法将其进行关联知识融合是当前财务数据分析的一大难点。

（一）优势（S）

大数据环境具有范围广、变化快、内容丰富、时效性高等特点，结合企业财务数据分析的情况，对比传统的财务数据分析，大数据可以为管理者或者财会人员提供大规模的数据资源而不仅仅局限于该地区、行业或者同等规模的公司作为参考点。此外，大数据环境每时每刻都在变化，变化的趋势、内容、程度和传统数据相比都有很大差别。对于企业管理者来说，能够及时地从海量财务数据中分析出适合本企业发展的信息是一种不可或缺的能力；对于企业财务人员来说，大数据环境所带来的"爆炸性数据群"需要其储备更多的财务知识，才能及时地处理数据，分析数据带来的有价值的信息。

（二）劣势（W）

第一，"云会计"人才缺乏。面对海量的数据，更考验企业财会人员的学习思考和处理数据的能力，需要经常熟练地使用计算机进行会计工作。但是既懂会计、金融方面的知识，又满足信息化时代需求的人员并不多，所以短时间内难以提升工作效率。

第二，针对大数据进行企业财务数据分析的使用效率不高。无论是风险控制型财务管理，还是事后控制型的管理会计、财务会计，在一定程度上都无法全面地、合理地使用"数据爆炸"产生的信息。对于企业的管理者、股东、监管当局、财会人员，其不具备分析数据的知识储备和能力，往往以传统的手工处理和经验判断为主，更着重关注财务会计的核算方面。

第三，数据处理时间比较集中。从传统的财务会计处理模式来看，一般财会人员会集中在年中、年末、月中、月末等几个时间段集中处理相应的会计凭证和财务单据，但是大数据是变幻莫测的一种"数据媒介"，要想集中处理，对于财会人员具有很大的困难。

第四，财务代理公司人员流动性大。对于大数据模块，需要财会人员保持跟进的状态，才能发现其价值，但是当今的财务公司、财会人员学会整套账务处理之后，更多的会从个人利益出发，选择独立代理模式作为自身未来的发展方向。

（三）机遇（O）

一是市场化竞争的需要。受利率市场化影响，财务公司、企业如何在特定的客户群体中，找到市场方向与集团未来定位规划契合点，深入分析成员单位内在需求，提供更有价值的财务服务，通过大数据分析观察其市场波动的内在变化规律，从而在市场竞争激烈的环境下脱颖而出。

二是企业集团化管理的需要。随着企业管理水平和业务能力的不断提升，对信息系统的要求和数据分析的能力也不断提高，迫切需要智能化、一体化、全面化的企业信息管理平台来支撑精准化、专业化、集团化的管理需求，财务公司作为企业资金管控的平台，会计信息资源不仅为本单位所用，更为企业所用，是其收集数据、决策分析、配置资源的重要依据。不仅如此，企业自身也应该配备相应的数据运算群，内外分析相结合，可以给企业未来发展带来新的方向。

三是人性化服务的需要。转变以往财务工作以账证核对、账账核对、账实核对为主的工作模式，建立以客户为中心、以客户的需求为导向的新型财务公司运营模式，要求会计信息化建设保持更新。对于企业也应该建立相应的企业文化，对财会人员进行专业化培训和理论知识的提升，将有利于企业财务管理风险控制和运营发展，最终达到降低企业风险和运营成本的预期目标。

（四）威胁（T）

第一，风险多样性的威胁。大数据环境最重要的表现就是"数据爆炸"，各式各样的数据都会聚集到企业之中，增加了企业内外部环境变化及不稳定性的风险，对于传统的企业模式带来挑战，增加其经营模式中的信用风险、流动性风险、操作风险，以及企业管理模式中的战略风险、控制风险、系统性风险等。

第二，信息泄露的威胁。虽然随着科技的进步，大型企业开始使用自己研发的 App 以保证自身内部数据不会轻易泄露给竞争对手，但是中小企业、财务公司在复杂的大数据背景下，进行财务数据分析的同时，还会面临信息泄露的风险。为了确保自身效率，中小企业、财务公司往往对数据的收集和运用采取多个端口操作，以便于更快捷、及时、准确地拿到相关数据，但是会因为传输中介问题，在多渠道的数据来源、数据收集、数据加工处理、数据生成、数据存储以及使用等方面都存在信息泄露的风险隐患。

第三，不同情景下数据完备性的问题。多源异质是大数据一个较为突出的特点。体量庞大的大数据通常由多种来源的数据汇集而成，不同源的数据的概率分布或模型通常是不同的，因而汇集而成的大数据呈现了异质性的特点。现今主要关注的是数据分布相同但参数不同的情形、数据分布不同的情形两种，在不同的数据情形下，往往会造成数据源缺失问题的发生，以至于影响后续的财务数据分析基础的构建。

第三节　大数据背景下企业财务分析的实施路径

一、大数据背景下财务分析领域面临的机遇

（一）数据类型及其来源丰富

随着大数据技术不断地发展，数据信息类型及来源不断丰富，数据获取渠道不断拓宽，在财务分析领域上，已经形成一种大量、完善的大数据模型。

首先，基于半结构化数据与非结构化数据等数据模型下，能够增强财务分析结果的精确度与客观性，财务分析领域能够得到进一步的拓展。

其次，根据不同的数据类型及来源既能够切实丰富财务分析手段及方法，也能够提高分析结果的精确性。

最后，基于庞大的数据规模下，财务数据的截取、处理、管理、整理工作的交互性大大增强，有利于提升财务分析结果的科学性及及时性。

（二）财务分析智能化

大数据时代，非关系数据分析技术得到发展，这些技术具有非结构数据处理、大规模并行处理、简单易操作等优势，使得财务分析工作朝着自动化及智能化的方向发展，大大提升了数据挖掘工作的效率。

与此同时，数据互通特性加强提升了财务数据的关联性，使得分析工作的出错率有效较低，分析结果的准确性大大提升，降低财务分析的风险，财务分析领域朝着高效化、智能化的方向发展，能在一定程度上优化财务分析工作流程，降低财务分析的工作强度。

（三）财务分析信息化

大数据技术的普及与发展在一定程度上推动了财务分析信息化进程，包括财务信息化管理及财务分析信息化、财务分析专业化进程。计算机技术、财务信息数据库、财务办公系统等各类信息化手段的普及，使得财务分析工作由传统信息化获取手段过渡到现代信息化获取手段，在一定程度上推动了财务分析工作方式的创新，从而提高了财务分析领域的科学化与信息化水平。

（四）提升财务分析人才的竞争力

在大数据时代下，财务分析领域对人才的要求越来越高，对财会人才的财会知识、分

析能力、数据处理及信息技术应用能力等都提出了更高的要求，这有利于倒逼财务分析工作者不断增强自身专业素养，加强对大数据技术的学习与应用，切实提升财务分析人才的竞争力。

二、大数据背景下财务分析领域发展的策略

(一) 完善财务分析体系

完善财务分析及管理体系有助于规范在财务分析工作中使用大数据技术，并能在一定程度上确保财务分析数据的安全性及准确性。故须落实做好财务分析体系的系统规划工作，科学地整合财务分析工作的需求，以增强财务分析结果的协调性、预见性以及科学性。而完善财务分析体系是一项较为繁杂的工程，以优化财务分析工作流程，来提高财务分析工作的信息化水平及整体化水平；以增强财务分析工作的协调性，来明确财务分析工作的职责及工作流程。只有如此，才能进一步提升财务分析工作的水平。

要完善财务分析体系，可采取以下措施：

首先，财务分析工作者应该遵守国家相关法律法规，合法合规利用大数据技术，落实财务分析及数据统筹工作，明确财务分析工作中财务数据控制主体以及财务数据的处理主体。对于利用大数据技术开展犯罪活动的行为，应当严厉抵制并举报，以维护财务工作安全。与此同时，切实做好财务数据流通记录、财务数据信息安全管理、网络安全系统设置、监控体系以及应用大数据技术等各个财务分析环节的工作。

其次，基于不同类型财务分析工作的重点，改善及优化传统财务分析工作方法及创新数据分析方法，将日常财务分析工作、财务数据核算、财务风险评估等工作方式及工作内容与大数据技术结合，开发新的财务分析工作系统，完善财务分析体系，以促进企业财务资金的合理规划和分配，提升企业的运营效益，降低企业的财务风险。在完善财务分析体系工作中，重点利用信息化技术，并根据目前财务分析领域的实际情况，引进、开发、创建并完善财务分析平台，以提升分析工作的全面性，从而有效地整合各行业的财务信息，减少财务数据信息的滞后性。

最后，企业财务信息管理部门应该做好财务信息安全及大数据技术应用体系保障工作，加大数据信息风险控制力度，严格按照财务分析管理规则，落实好财务数据信息的监控工作，将工作重点放在加强财务分析数据安全技术体系的建设上，以保障数据技术的使用安全。通过完善财务分析体系，保障财务分析数据的安全性，充分利用互联网及大数据技术，来有效地提升财务分析结果的准确性，从而为企业管理者提供全面而详细的财务信

息，并使其做出科学的市场决定。

（二）升级财务分析技术

首先，财务分析从业人员要充分了解大数据技术中牵涉到的相关技术及其内容，并考量财务分析工作需求，最大限度地整理、升级财务分析技术，以此确保财务分析技术发挥其有效作用。利用大数据技术帮助发掘财务数据中具有价值的信息，并快速地对这些信息进行数据分析，这项技术能够充分保障数据信息的可靠性，从而帮助分析人员做出更合理的财务决策。

其次，财务分析人员充分利用好计算、统计、模型建立、评估等财务分析技术，来提升数据追踪及实时更新速度，并有机地结合智能技术，以最大限度地保证数据信息的时效性。利用好人工智能技术，以为财务分析工作提供更丰富的算法及全局性的数据，来实现数据信息与投资者的联通，从而能有效地提升分析结果的准确性。加快在财务分析工作中应用人工智能技术中数据识别、数据研究、数据追踪等功能，并加快生成财务分析数据模型建设，以提升财务分析结果的科学性。

最后，分析人员应该密切关注财务样本数据的变化及更新，做好财务数据变化趋势的预测工作，利用大数据技术完成财务数据的整合、修改、行业模型建设、财务风险因素等财务分析工作，并在此基础上创立财务分析数据库，增强财务数据信息的关联性，完善数据解析及数据更新功能，以提升财务分析工作的系统性及科学性。

（三）加强财务数据风险控制

应用大数据技术来加强财务数据风险控制工作，以提升财务数据的安全性。

针对目前财务分析工作中出现的数据风险问题，可以采取以下措施：

首先，要落实风险预防工作，财务分析人员可以利用计算机系统及大数据技术来迅速识别数据陷阱，做好数据风险规划及预防控制工作。在数据风险预防工作中，财务分析人员要注重创新财务分析技术，以增强抵御数据投资风险的能力，通过采用新的非结构数据分析方法，以充分考虑市场非关联因素，来更好地完成财务分析模型建设，切实提升分析结果的精准度。

其次，财务分析行业需要升级财务数据风险控制流程，完善财务数据风险控制体系，为财务数据风险控制提供方向上的引导，让财务数据风险防控工作有规律、有计划地开展，不断地提升财务数据的稳定性及安全性。

最后，相关工作人员可以设置数据安全预警及修改环节，以提升财务分析系统数据接口的稳定性，并通过使用安全认证及警报功能来确保数据应用过程的安全性。除了上述方法，相关企业财务管理单位也要组织开展系统定期检修、针对性制订数据风险紧急情况解决方案等，来降低故障出现带来数据风险问题的概率，注重完善好数据风险控制监督机制，做好财务数据管理及分配工作，让财务分析工作人员学习数据风险管理知识，落实好财务数据风险控制工作，对潜在的风险，做到密切排查、实时监控、及时发现、立刻处置。通过开展多层次、多方位的财务数据风险控制工作，明确各方权责，切实增强财务数据应用的安全性，使得财务分析工作能够高效开展。

（四）培育财务分析人才

首先，基于财务分析领域的变化下，相关企业应该开展定期的财务分析工作及大数据技术应用等培训，让从业人员能够学习财务分析知识，有效加强财务分析领域人员的职业水准。使其能够提升财务分析工作质量，并能够基于信息化、大数据等技术发展的背景下，准确分析潜在的财务风险，提升数据应用、数据分析及数据处理等能力，避免不合理财务决策、财务风险等问题发生。

其次，利用好财务分析工作会议，针对工作问题，以交流沟通、紧密合作等方式，推动财务分析工作方法的创新。

最后，落实做好新型财务分析人才的培养工作，招聘具备良好的专业财务分析知识及大数据技术背景的高素养人才，建立起优秀的财务分析专业队伍，加强大数据技术的培训并利用周期性的考核，来提升财务管理人员的专业技能，以此提高财务分析工作的质量。

总而言之，随着大数据技术的不断发展、财务分析数据来源的不断丰富，财务分析工作朝着信息化、智能化等方向不断优化。只有从现在开始利用有效的措施及手段来干预财务分析领域的数据风险问题，做好财务分析平台的创建工作，来提升大数据技术在财务分析领域应用的可行性，通过这种方式，让财务分析领域不断适应我国的经济市场发展趋势，增强财务分析的可行性及普及性，以此推动企业朝着健康的方向，实现稳步发展。

第四节　大数据挖掘技术在财务分析中的应用

一、数据挖掘技术概述

在大数据中，数据挖掘技术是一种有效的数据处理技术，同时也是在大数据中进行知识挖掘的一项关键技术内容。具体应用中，借助相应的计算机算法与手段，可以从海量信息中实现有价值信息的快速、准确、全面获取。结构化数据以及半结构化数据都是其挖掘对象，其分析步骤主要包括对象挖掘、数据筛选、数据预处理、数据挖掘和结构分析。在数据挖掘体系、数据仓库以及信息系统等的相互作用下，有价值的数据及其价值都将由此出现，对这些数据进行进一步的处理，便可形成一个具有储存和应用价值的系统整体，从而在相关工作中发挥出充分优势。

二、数据挖掘技术在财务分析中的应用举措

（一）明确数据挖掘技术的工作流程

数据挖掘技术的主要工作流程包括以下几个阶段：一是业务理解；二是数据理解；三是数据准备；四是建模；五是评估；六是部署。而在通过数据挖掘技术进行大数据时代中的财务数据分析中，需要将该技术应用到财务分析平台上。

具体工作中，其主要的工作内容包括后端处理、中间处理以及前端处理。其中，后端处理主要通过数据获取层来实现，从内部财务系统、内部物联网系统、外部系统等进行相应的财务数据获取，并对其进行数据抽取、清洗、加工转换以及综合等处理，然后将处理好的数据传递到中间处理环节中的数据仓库中；中间处理主要通过数据处理储存层来实现，该层是整个数据挖掘技术中的核心环节，在数据仓库接收到了相应的财务数据之后，会按照上述工作流程来进行数据的分析与处理，以此来确定数据挖掘主题、理解数据、选择模型、分析和评价结果，从而为财务数据分析中仓库管理、方法库、模型库、知识库等的建立提供科学的分析思路与概念性指导。前端处理主要通过数据挖掘分析层来实现，其主要功能是数据输出，而数据输出又可以按照主动输出以及被动输出这两种形式进行划分，前者是平台按照用户预先设定好的需求将分析结果和相应的预警提示等信息主动输出，后者是平台按照管理者与信息应用者的请求或检索指令来为其提供回答性的信息输出。

（二）统一化分析平台构建与完善

在当今的大数据时代中，要想让财务信息系统保持完善，并进一步提升财务分析效率，相关企业与技术人员就需要将原来的平台作为基础，对数据挖掘形式的财务分析平台加以建设和完善。

第一，企业需要保障财务数据获取的实时性，让相应的业务和财务相对应，将集团、供应商、子公司、分销商和客户等的数据端与数据挖掘形式的财务分析平台连接，以此来实现海量数据的实时统一接收，避免人为因素对财务分析质量的不良影响。以数据共享为基础，对统一核算这一原则予以遵循，实现财务数据的一体化应用，并使其数据资源统一

为集团所管控，这样才可以实现财务管理质量的有效提升。

第二，企业需要对驱动形式的财务数据应用决策予以制定，在财务数据分析前，需要对企业会计缺陷加以综合考虑，特别是可能出现的数据收集困难以及信息孤立等问题，更应该重点考虑，在采用数据挖掘技术进行财务平台数据分析之后，再根据实际情况，将驱动决策落实到相应的数据与决策之间，并定期对其数据功能与价值进行自动挖掘，并根据销售金额以及回款速度等来进行合理的评分计算，这样便可让回购率比较大的客户以及优质客户得以及时发现，从而为企业产品的重点推广决策提供科学参考。

（三）　建立核算与分析一体化的财务预警系统

为实现核算工作的有效落实，企业一定要将财务分析作为基础，并将其作为指导，帮助会计工作顺利完成。在此过程中，企业可对双向沟通形式的连接方式加以利用，以此来进行会计核算系统的科学设定与应用，使其为企业中的财务数据分析及其处理共同服务，并在相应的应用平台中进行数据价值的进一步挖掘，这样便可实现企业财务预算以及其对应模型的形成。然后再将数据挖掘技术的分析结果输入这个会计核算系统，让两者之间实现真正的联动。通过这样的方式，便可让企业中的财务风险抵御能力实现进一步的提升。同时，企业也需要对财务预警系统做到足够重视，根据企业实际情况来进行该系统的合理搭建，让财务的实时动态分析过程持续，这样才可以让企业决策者以及财务管理工作人员对整个的财务数据采集及其挖掘过程做到实时掌握，以此来实现关键财务指标的及时准确测算。在此过程中，数据挖掘形式的财务分析平台会对预算和实际财务数据进行对比，如果发现两者具有较大的差额，或者是超出了阈值，平台便会立即发出相应的风险预警，以便企业中的财务管理者和工作人员及时发现其问题所在，让企业财务风险得以及时规避。这对于提升企业财务分析工作的质量、避免决策失误以及企业在大数据时代中的长远发展而言，都具有非常积极的作用。

总之，对于任何一个企业而言，财务管理都是其经营与发展过程中最为重要的一个环节，只有确保财务管理效果，才能够有效规避财务风险，提升企业经济效益，为企业发展提供源源不断的动力。但是在当今的大数据时代中，企业财务管理方面所面临的安全威胁有很多，稍有不慎便会引发财务风险，给企业的经济效益及其发展造成阻碍。基于此，在企业的财务管理中，一定要对大数据时代中先进的数据挖掘技术加以应用，并以此为基础，进行财务数据分析平台的建设与完善，让该技术在企业财务数据分析中发挥出足够的优势，从而为企业的财务管理与相关决策提供科学指导，最大限度地规避企业财务风险的发生。

第三章 大数据背景下企业财务预测与决策

第一节 企业财务预测与财务决策概述

一、企业财务预测

（一）财务预测的概念及其特点

预测是根据已知事件推知未知事件的一门艺术，一门科学。它既包括采集历史数据并用某种数学模型来外推未来，也可以是对未来的主观或直觉的预期，人们对预测概念中的未知事件的理解有广义和狭义之分，本书是基于狭义的概念来探讨财务预测问题的。

1. 财务预测的概念理解

"财务预测是指运用科学的理论和方法，依据过去和现在的有关资料，对组织未来各项财务活动的发展变动趋势及其结果进行的预先推测和判断。"[①] 任何一个组织，包括营利组织和非营利组织都可以根据需要进行财务预测。

财务预测的主体应当是财会人员、有关业务人员如销售人员等，其中主要是财会人员，因为财务预测具有最大的综合性，预测的最终结果实际上是对企业未来的生产经营活动的一种综合的预先反映，即财务预测报表，而财务预测报表的编制由财会人员来完成。

财务预测是企业财务管理的重要环节，财务管理的环节包括财务预测、财务计划、财务控制、财务分析、财务检查。而企业的财务活动包括融资、投资、资金分配以及日常的资产管理等。融资活动的管理，包括选择融资渠道与方式和确定权益资金与债务资金的比例，这首先要对资金的需要量进行预测。投资管理主要是确定企业的投资方向，规模和期限以及对投资项目经济效益的分析和评价；投资风险的控制等。在此过程，离不开对投资项目未来的现金流量情况进行估计，以便对项目的可行性进行评价。日常的资产管理涉及

---

① 李永梅，张艳红，韦德洪. 财务预测学 [M]. 北京：国防工业出版社：2009：9.

原材料的采购计划、生产计划、销售计划以及债权债务的结算等，这意味着必须对未来的销售状况、销售价格以及成本水平等进行推测，在此基础上才能进行上述工作。因此，财务预测的具体内容就是资金、成本、销售、价格等。

此外，企业的资金、销售、成本、价格的变化又是有规律的，即具有可预测性。其规律具体有：①连续性。连续性指时间上的连续性，过去和现在的状况往往会持续到未来，如某产品的价格或某种产品的销售量。正是基于这种规律的认识，人们才有可能利用趋势预测法来预测未来的销售量或销售价格。②相关性。财务管理的具体内容之间存在相互依存的密切关系，如产量与成本、销售价格、销售量与销售收入的相互影响等，因果预测模型就是利用这一原理建立起来的。总之，只要人们认识了财务管理具体内容的运动规律，进行财务预测是完全可行的。

2. 财务预测的主要特点

从预测的应用领域来看，财务预测属于经济预测，从预测的范围看属于微观预测。预测是对未来事件的推测和判断。这种推测与判断是人们借助对过去的探讨和现状的研究来进行的。因此，进行财务预测，必须对财务管理发展的历史与现状、影响财务管理的具体内容的内部要素、外部环境及其相互联系进行系统的分析和研究，探索其发展变化的规律，来推测和判断未来财务管理的具体内容。财务预测具有以下特点：

（1）近似性。

近似性是指财务预测只能对未来的财务活动勾画出一个轮廓，指明其发展的基本趋势，而且往往带有许多假设条件，计算出的数值大多是近似值。但需要说明的是，财务预测的近似性与正确性并不矛盾，从最终目的而言，只要财务预测的结果是有用的，那就应当认为是正确的。

财务预测的近似性有以下原因：第一，预测的精确性受很多因素的影响，这是与未来因素的不确定性相联系。第二，经营活动的复杂性决定了财务预测在微观预测中是最为复杂的预测。首先，企业经营过程受到各种社会因素和自然因素的影响与制约。不仅包括企业内部因素，也包括企业外部因素（包括国内和国外因素），其中，许多因素是难以用数量描述的；其次，企业经营过程是高度动态化的过程，影响其发展的各种因素都处在变化之中，各种因素的作用程度也经常发生变化。第三，人们不可能非常详尽完整地获得研究对象发展全过程的全部数据资料，以及在各个发展阶段的各种宏观和微观影响因素，这也会导致对研究对象发展规律认识上的误差。第四，在认识规律的过程中，所使用的方法是否合适，所建立的数学模型是否贴切地反映了研究对象的实际发展过程等，都必然影响到人们对研究对象发展规律认识的正确性。第五，就预测而言，预测时间越长，对那些影响研究对象未来发展的因素的认识就越困难，预测误差就越大。因此，财务预测具有近似性。

（2）灵活性。

财务预测的具体内容广泛，方法和预测目标都有较大的灵活性。预测什么，如何预测以及达到什么目的，可以根据实际需要和条件确定。财务预测的这一特点取决于：第一，财务预测主要为决策、计划服务，一般不涉及利润分配；第二，财务预测的规范程度不大，有较大的选择余地。

（3）超前性。

财务预测是对未来的财务活动发展趋势的事先反映，因而能够突破财务活动的现实规定和历史界限，合乎逻辑地推测其未来，描述现实中尚不存在的财务活动状况，这样，由财务活动所获得的知识便成为一种独立能力，走在实践前面，了解经济活动、财务预测的这种超前性，对于克服财务管理中的盲目性，提高效益有重大的意义。

（4）科学性。

财务预测是建立在现代科学基础上的科学预测而不是凭经验和直觉的预测。这是因为：组织的各项活动受到组织内外多种经济、科技、社会以及自然因素的影响。各种因素之间的相互作用极为复杂，要从中找出内在的本质的联系，在偶然中发现其必然性，对未来做出预测，就要求把预测建立在科学的基础上。

（5）技术性。

财务预测将会越来越多地使用现代技术手段。财务预测所应用的数学模型，数据之多、处理计算工作量之大都是难以想象的，有些复杂模型用人工计算需要很长的时间才能完成。随着计算机技术的日新月异，各种应用软件的开发，计算速度加快，预测才得以广泛应用。

正确认识财务预测的特点，可以避免不正确的看法而妨碍预测的研究应用。怀疑和否定预测结果，将使计划和决策没有足够的依据；绝对相信预测结果，又会使实际工作缺乏弹性和灵活性；过分苛求预测的精确度，则是不够客观和现实的要求。事实上，只要预测有较充足的依据，达到一定的精确度，就可用于指导实际工作。

（二）财务预测的具体内容

财务预测属于经济预测，包括宏观财务预测和微观财务预测，从内容上看，宏观财务预测主要包括国内生产总值预测、财政收入预测、城乡居民人均可支配收入预测、社会消费品零售总额预测、居民储蓄存款总额预测；微观财务预测主要包括价格预测、销售预测、成本预测、利润预测、资金需要量预测、事业单位收入预测以及事业单位支出预测等。

1. 价格预测

价格预测主要是根据各种价格信息资料，运用科学方法，对市场价格运动状况及其变化趋势做出符合客观规律的判断和推理，为销售预测、利润预测、资金需要量及价格决策提供科学依据。如价格总水平变化的方向和幅度，零售价格水平变化与职工工资增长、居民收入关系变化趋势等。

2. 销售预测

销售预测是以调查研究和数理统计的方法为基础，通过对历史销售资料及事务发展因果关系的分析，预测未来一定时间内有关产品的销售量和销售状态及其变化趋势。销售预测是企业开展生产经营活动的起点。通过销售预测，可以使决策者了解市场需求的基本动态和产品销售的一般规律，据此可确定未来时期的生产经营活动，做到以销定产，产销平衡，对产品经营做出最佳决策。销售预测是其他各项经营预测的基础。不论是成本预测、利润预测还是资金预测，都直接或间接与销售预测内容和结果相联系。只有认真做好销售预测，才能更好地开展其他各项经营预测。销售预测是正确编制销售预算的依据，可根据销售预测情况来改进销售工作，使目标销售量或销售额适应未来市场发展变化需要。

3. 成本预测

成本预测就是根据成本特征及有关历史成本资料和企业现有的经济技术条件，结合今后的发展前景，采用科学的预测方法，对未来一定时间内有关成本水平及其变动趋势进行预计和测算。成本预测是全面加强企业成本管理的首要环节，是编制成本预算的前提。通过成本预测，使目标成本的确定具有可靠的客观依据，实现了成本工作的重点从事后的计算分析转移到加强成本的事前控制。成本预测是企业正确进行生产经营决策的重要步骤和依据。企业的经营发展受很多因素的影响，产品成本是其中一个重要因素。通过成本预测，能够揭示企业生产经营各个方面与产品成本之间的内在联系。因而，在企业选择最佳的决策方案时，它是不可缺少的重要依据。

在进行成本预测时，必须认真调查企业生产技术、经营管理等方面的变化情况，探讨这些变化同成本升降的内在联系，从它们的相互联系中，了解和掌握降低成本，提高经济效益的可能性，为主动控制成本提供可靠的、有科学根据的资料。成本预测一般应包括总成本水平的预测、单位成本水平的预测、各项期间费用的预测、成本费用消耗效果的预测。

4. 利润预测

利润预测是按照企业生产经营目标的要求，在销售预测、成本预测的基础上，对影响利润增减变动的各项因素作综合分析，测算企业在未来一定期间的利润水平和变动趋势。

利润作为一个综合性经济指标，受企业生产经营活动许多方面的影响，诸如产品的产销数量、质量、品种、成本等都会对利润产生不同的影响。利润预测是正确编制利润预算的重要依据。通过利润预测，可以观察利润发展趋势，掌握利润变动规律，确定目标利润，使企业这一总体奋斗目标具有科学性、可靠性和得以顺利实现的可能性。

企业在一定期间内所获利润额的多少，是其经营的有关产品产销数量、销售价格、单位产品变动成本、固定成本总额和产销结构等多种因素相互影响、相互制约的结果，进行目标利润预测，就是要研究它们之间的关系以及各因素的变动对利润的影响。因此，利润预测要考虑企业生产经营活动许多方面的因素。

利润预测是定量预测分析和定性预测分析的结合体，它利用过去和现在的各方面统计资料与财务信息，建立数学模型，进行定量分析。然后，由决策者根据实践经验，结合未来可能发生的变化，进行定性分析，做出判断。从影响利润增减的因素来看，利润预测可分为从增产增销上预测利润、从产品品种安排上预测利润、从提高产品质量上预测利润、从产品成本降低上预测利润、从产品价格的调整上预测利润等。

5. 资金需要量预测

资金是企业生产经营活动的财力资源。企业计划期资金总需要量取决于资产的需要量，它与企业的产量、技术装备水平和管理水平相联系。因此，企业在一定时期资产的总量必须与企业的生产规模相适应。资产占用多，利用效果差，资金需要量增加，造成资源的浪费；资产不足，不能满足生产经营活动的需要，使企业经济活动无法进行。所以，企业必须对资金的需要量及其利用效果进行预测。资金预测一般包括资金需要总量预测、流动资金需要量预测、固定资产投资预测等。

通过资金预测能合理确定资金需要量，控制资金投放时间。选择最经济方便的资金来源是资金使用的前提，通过资金预测，可综合考核各种筹资渠道和筹资方式，求得筹资方式的最优组合，以便降低资金成本，提高投资效果。

（三）财务预测的常用方法

财务预测问题主要是如何估计变量在未来某个目标时点的值，但是在具体进行这种估计时因为所利用的许多变量之间的对应关系和公式不同，所以有许多不同的预测方法，但归纳起来，可以分为定量分析法和定性分析法两大类。

1. 定量分析法

定量分析法主要是根据过去的比较完备的统计资料，运用一定的数学方法进行科学的加工处理，借以充分揭示有关经济变量之间的规律性的联系，作为预测的依据。社会经济现象之间在数量上存在相互依存关系，这种依存关系一般存在两种类型：一是函数关系，函数关系是一种确定性的关系；二是相关关系，即现象之间的依存关系。定量分析法相应地又可分为时间序列预测法、因果预测法、其他财务预测法三类。

时间序列预测法是以一个指标本身过去的变化作为预测的依据，这意味着把未来作为"过去历史的延伸"。这类预测方法是建立在预测对象的变化仅与时间有关的基础上，然后根据它的变化特征，依据惯性原理，将目前和将来仍然起作用的延伸趋势作为预测未来的依据。这类方法的运用有两个重要的假设，一是被预测对象的将来发展情况与该事物历史情况一样随时间延伸而变化；二是各种因素对预测对象的综合影响在预测时间段内不会发生突变。时间序列预测法主要有：简单递推预测法、简单算术平均法、加权算术平均法、移动平均法、趋势平均法、指数平滑法、直线趋势法、季节指数法等。

因果预测法是依据变量之间的因果关系，建立相应的因果预测模型，利用模型对所研究的经济对象进行预测和分析，进而为经济决策提供依据。因果预测法包括一元线性回归预测法、多元线性回归预测法、非线性回归预测法。

在财务预测中除了时间序列预测法和因果预测法，还常用到本量利分析法、销售百分比法、比率分析法等。这类预测方法是根据变量之间的确定性关系建立预测模型，通过预测模型中的其他变量进而确定预测对象的值。

2. 定性分析法

定性分析法主要是由熟悉情况和业务的专家根据过去的经验进行分析、判断，提出预测意见，然后再通过一定的形式进行综合，作为预测未来的主要依据。这种预测方法主要是在缺乏完备的统计资料，或主要因素难以定量分析的条件下应用，如市场调查法、判断分析法、集合意见法、特尔菲法等。

(四) 财务预测的一般步骤

财务预测的步骤就是在具体进行财务预测工作时，一般经过哪几个环节及其先后顺序。弄清预测的步骤，对于搞好预测工作、提高预测质量，具有重要的意义。一般来讲，预测要按以下程序进行。

1. 明确预测目标和预测对象

进行财务预测首先要明确预测的对象和目标，确定预测的对象就是从管理的需要出发，紧密联系实际需要与可能，确定对什么进行预测。确定预测的目标就是要明确预测所要达到的目的，即预测要解决的问题。由于预测的对象和目标不同，收集的资料、选择的方法和预测工作的进程也不同。只有首先确定预测的对象及其目标才能确定和使用资料的范围，才能制定具体的工作进程，才能使预测工作有目的地进行。

预测对象的选择及预测目标的明确要注意以下几点：

第一，预测对象必须是财务活动中的重要经济变量且必须是随机变量。

第二，预测人员要根据决策的需要来选择预测对象，并且根据预测对象的性质和特征，确定预测目标。这是因为预测工作是为决策提供依据的，是决策的前提。因此，预测对象的选择和预测目的分析都取决于决策要求。例如，某企业要制定下一年度企业的销售决策，企业决策层首先需要获得有关下一年度企业可能的销售预测资料。企业的销售预测主要取决于市场的需求量和本企业的市场占有率两方面因素。为此，预测人员针对这一决策需要，确定以企业所经营商品在本地区的需求量和市场占有率两项指标为预测对象，根据这一决策要求和预测对象本身的特点，具体预测目标定为：在一定的置信水平下，以定量形式给出下一年度本地区市场的需求量和企业市场占有率的预测值。

第三，当有些预测对象比较明确，但有时会因问题的复杂性而不易直接进行预测时，需要把预测目标进一步进行分解为若干个子目标，因为识别影响某一子目标的主要因素要比笼统地分析整个问题的影响因素容易得多。例如在"小轿车发展前景预测"中，此项预测问题直接预测是有一定困难的，这时可把问题进行一定的分解，把我国小轿车市场划分为家庭私人需求和社会集团需求两大部分。

2. 分析选择预测对象的影响因素

所有的预测都以一个假设为前提，即预测对象都受到其他因素的影响，因此，预测对象确定之后，在准备建立模型之前，则需要寻找使预测对象增加和减少的各种影响因素，并且根据统计数据的可供利用情况，确定预测对象的主要影响因素。例如，一个企业家可能认为他的销售受到整个经济状况的影响。或者他相信他的产品仅仅随时间变化而变化，也就是说，时间本身的推移影响着销售。但选择影响因素时要注意以下几点：

（1）选择的影响因素与预测对象之间应有因果、相关或确定性关系。如维修成本的主要因素应是机器的运转时间；汽车的油耗成本的主要影响因素应该是汽车的行驶里程。

（2）一元回归模型的解释变量应该是预测对象的最主要影响因素。一般而言，预测对象同时受许多因素的影响，但各因素对预测对象的影响程度是不同的。其中必有一个是主要因素或最综合的因素（时间序列中的时间变量）。必须选出对预测对象影响最大或最综合且有统计数据可供利用的因素作为解释变量。如汽车的油耗成本一般受汽车的行驶里程、车型、驾驶技术等因素的影响，但最主要的是汽车的行驶里程。所以，如果采用一元回归模型进行预测时应该选择汽车的行驶里程作为解释变量。

（3）多元回归模型的解释变量应是对预测目标有主要影响且有统计数据的影响因素。

3. 收集、审核和整理预测信息资料

准确的调查统计资料和经济信息是财务预测的基础。进行财务预测需要掌握大量的数据资料，尤其是定量预测。无论是模型的识别还是建模、检验均离不开数据资料，事关预测精确度和预测的成败，必须认真对待。预测目标和影响预测目标的因素初步筛选之后，就要选择与预测对象及影响因素有关的各种历史资料，以及影响经济未来发展的现实资料即要从多方面收集资料。

4. 选择适当的预测方法和建立预测模型

在占有资料的基础上，进一步选择适当的预测方法和建立预测模型，这是预测准确与否的关键步骤。预测方法一般可以分为定性预测方法和定量预测方法两类，定量预测方法又可以分为时间序列分析法、因果分析法和其他的财务预测法。不同的预测方法、不同的预测模型有其适应性，不同的预测对象、预测目标对预测的方法的要求不同，即使是同一预测目标，也并非使用同一的预测方法。因此，选择预测方法时并无统一的标准，只能根据预测目的、信息资料、预测的费用、时间等具体情况，进行综合分析，权衡利弊，做出最佳选择，一般来说，选择时应考虑以下几点：

（1）根据适用范围选择预测方法。每种预测方法都有一定的适用范围，必须按使用范围正确选择预测方法。一般而言，定量预测方法适宜短期和中期预测；定性预测方法，例如特尔菲法适宜长期预测；指数平滑法适宜不具有趋势、季节性变动的短期预测；一元线性回归预测法适宜因变量与某一自变量之间存在线性关系的中期预测。

（2）根据数据资料选择预测方法。数据资料对预测方法的选择起关键的作用，所有的预测方法都需要一定的资料，预测精确度的高低也取决于资料的质量。预测者只能选择与资料相适应的预测方法。当掌握资料不够完备、准确程度较低时，可采用定性预测方法。如对新产品进行价格预测时，由于缺少历史统计资料以及市场上无参考的参照价格时，一般应采用定性的预测方法。当占有的资料比较齐全、准确程度较高时，可采用定量预测方法。如对企业产品的销售量、产品的成本等可采用定量预测方法，运用一定的数学模型进行定量分析研究。为了考虑不定量因素的影响，在定量预测基础上要进行定性分析，经过调整才能定案。

（3）根据预测要求选择预测方法。在进行定量预测时，对时间序列预测法或因果预测法的选择，除据掌握资料的情况而定，还要根据分析要求而定。当只掌握与预测对象有关的某种经济统计指标的时间序列资料，并只要求进行简单的动态分析时，可采用时间序列预测法。当拥有与预测对象有关的、多种相互联系的经济统计招标资料，并要求进行较复

杂的依存关系分析时，可采用因果预测法。

5. 检验与修正预测分析结果

利用所收集的数据，采用所选择的预测方法，计算出理论模型中参数的具体数值。但是建立的理论模型往往以一定的假设为前提，因此，预测结果与将发生的实际情况存在一定的误差，所以，对利用理论模型计算的数值还要进行一定的检验和修正，这样才能使预测结果具有可行性。

这一步是对初步预测结果的可靠性和准确性进行验证，估计预测误差的大小。预测误差愈大，预测准确度就愈小，而误差过大，就失去了预测应有的作用。此时，应分析原因，修改预测模型。同时，进行统计检验，看预测对象的影响因素是否有了显著变化，看过去和现在的发展趋势与结构能否延续到未来，如果判断是否定的，就应对预测模型做必要的修改。在分析评价的基础上，修正初步预测值，得到最终的预测结果。通过预测能解决一些问题，但再好的预测也存在未能预测情况，因而预测值与实际值总会有一定的误差。

6. 编制财务预测报告

在预测方法、预测模型的选择以及进行预测以后，预测人员还应编制财务预测报告，其内容包括预测的研究的主要过程，列出预测目标、预测对象及有关因素的分析结论、主要资料和数据、预测方法的选择和模型建立等，预测报告递交给有关部门，作为编制计划、进行决策的依据。

二、企业财务决策

（一）决策的相关概念

1. 决策的概念界定

"决策"（Decision Making），顾名思义，就是做出决定的意思。《现代汉语词典》中，决策的意思就是"制定方针、策略或方法"。而《现代科学技术词典》认为，"所谓决策，是指在几个可能的方案中作出的选择"。实际上，"决策"一词在各种场合中使用得非常广泛，以至要对这样一个概念给出没有异议或是统一的表述是相当困难的。

现代管理科学中，有关决策的概念大致可以分为两种：狭义的决策和广义的决策。狭义的决策认为，决策就是做出决定，是人们从不同的行动方案中做出最佳选择，是一种权衡选择的行为；广义的决策认为，决策是一个过程，是人们为了实现某一特定目标，在占有一定信息和经验的基础上，提出各种可行方案，采用一定的科学方法和手段，进行比较、分析和评价，按照一定的决策准则选择最优方案，并根据方案实施的反馈情况对方案进行修整控制，直至目标实现的整个系统过程。

2. 决策与预测、预算的关系

预测、决策和预算，作为同一管理活动中的不同环节，它们各司其职，同时又相互联系。

预测是决策的基础，预测为决策提供可靠的科学依据，没有科学的预测，就没有科学的决策。预测侧重于对事物进行科学分析，找出事物演变的规律以及今后的发展趋势，并提出各种可能的方案，为决策提供可靠的科学依据；而决策主要是在预测提供资料的基础上，发挥领导艺术，抓住时机从备选方案中选择最佳方案。从管理活动的层次来看，预测是基础，决策处于一个更高的层次，预测必须服从于决策等更高管理活动层次的命令，必须按决策的要求展开工作。而决策者只有与预测人员密切联系、良好配合，才能使决策具有使用价值。

决策是预算的前提，预算是决策的逻辑延续，为决策提供执行方案。决策为预算的任务安排提供了依据，预算则为决策选择目标活动的实施提供了保证。在实际工作中，决策与预算是相互渗透的，有时甚至是不可分割地交织在一起的。在制定决策的过程中，对决策方案的设计和评价，实际上已经孕育着决策的实施预算。反过来，预算的编制过程，既是决策的组织落实过程，也是决策更为详细的检查和修订的过程。无法落实的决策，或者说决策选择的活动中某些任务无法安排，必然导致该决策在一定程度上的调整。

（二）财务决策的概念及内容

1. 财务决策的概念界定

根据《现代汉语词典》的解释："财"是钱和物资的总称，"务"是事情；财务是"有关钱和物资的事情"，决策是"制定方针、策略或方法"。因此，从字面意义上来理解，财务决策就是"对有关钱和物资的事情制定行事的方针、策略或方法"[1]。可见，财务决策是一个宽泛的概念，凡是与钱和物资有关的问题的确定，都属于财务决策的范畴。具体到企业的财务管理活动来说，财务决策是企业对其合法拥有或依法控制的钱和物资及与其有关的经济活动制订行事的方针、策略或方法，同时对该过程中发生的经济关系进行妥善沟通与协调的一系列活动的总和，是企业按照财务管理目标的要求，在财务预测的基础上，制订和评价财务活动方案，并从若干个可以选择的财务活动方案中选择最满意方案的过程。财务决策是企业决策的一部分，是企业财务管理的重要环节，在财务预测的基础

---

① 韦德洪. 财务决策学［M］. 北京：国防工业出版社，2015：3.

上所进行的财务决策，是编制财务预算、进行财务控制的基础。

2. 财务决策的主要内容

财务管理的对象是钱和物资以及在筹集和使用过程中发生的各种经济活动与产生的经济关系。财务决策作为企业财务管理的重要环节，与财务管理的对象是一致的。根据钱和物资在企业财务管理中所表现出来的不同性质，财务决策主要包括投资决策、筹资决策和经营决策三个方面。

（1）投资决策。

投资是指将筹集的资金投入生产经营的过程。企业生存和发展的前景如何，很大程度上取决于投资管理的水平。投资决策的内容包括两个方面，首先需要考虑的问题是对收益的估计，即对投资预计现金流量的估计。企业的投资，是用于新建生产经营项目或对原有项目的更新改造等内部投资，还是通过购买其他企业的股票、债券或采用与其他企业联营等形式进行对外投资，其产生现金流量的方式和大小是不同的，对企业收益的影响也是不同的。其次，投资决策需要对投资风险进行分析。不同的投资方案预期的投资收益水平和投资风险程度各不相同。一般地，两者之间呈正比例变动关系，预期收益较高的方案往往蕴含着较大的投资风险，反之则较小。企业总是希望在风险最小的前提下收益最高，因此，企业投资决策需要准确计量预期收益和风险，在企业经营战略的指导下，根据企业内外环境，选择收益较高、风险较小的投资方案。

（2）筹资决策。

企业是以盈利为目的的经济组织，企业为了实现其目的，需要进行生产经营，而实现生产经营的前提条件是具有一定数量的资金。因此，筹集资金是组建企业和开展生产经营活动的前提。企业筹集资金的渠道，一是吸收企业所有者的投资，形成企业的资本金，也叫作权益资金；二是向外举债，形成企业的负债，也叫作债务资金。企业筹资决策的主要内容是关于企业筹资方式的选择以及最佳资本结构的确定，即了解可能的筹资渠道和筹资方式，准确计量相应的资本成本和财务风险，在满足企业资金需要的前提下，在资本成本与财务风险之间进行权衡，实现财务风险可控前提下的资本成本最低。

（3）经营决策。

经营决策是指日常经营活动的决策，主要包括存量资产决策和利益分配决策。企业存量资产包括货币资金、债权资产、存货资产、固定资产、无形资产等，每项资产都具有不同的特征和运行方式，对企业利润和财务风险、经营风险的影响不完全相同。企业对存量资产进行管理是为了保证企业生产经营活动能够正常的开展。企业对存量资产进行决策主要是确定各种存量资产的经济规模，其决策内容包括采购决策、生产决策、销售决策、现金及有价证券决策、资产结构决策、分配决策等。

分配有广义和狭义两种。广义的分配是指对所有利益相关者的分配，包括对投资人、经营者、员工、债权人、上下游客户、政府、社会公众等的分配，因此，从广义上说，分配决策包括利润分配决策、薪酬分配决策、偿债决策、售后服务决策、纳税决策和环境保护决策等。而狭义的分配仅仅是指对投资人的分配，即利润分配，因此，从狭义的角度看，分配决策就是利润分配决策。本书作者虽然支持广义分配决策这个提法，但由于薪酬分配决策、偿债决策、售后服务决策、纳税决策和环境保护决策等所涉及的内容比较多且复杂，要全面论及，条件尚未成熟，所以本书仅仅从狭义分配的角度来阐述利润分配决策的一般过程。

(三) 财务决策的一般特点

1. 目标性

任何决策必须首先确定要达到的目标，目标是在未来特定时限内完成任务程度的标志。

财务决策是具有明确目标的活动，即为实现企业财务管理总体目标而进行的活动。企业财务管理的目标包括：利润最大化、每股收益最大化、股东财富最大化、企业价值最大化、利益相关者利益最大化等。不同类型的企业，其财务管理的目标可能各不相同，但无论企业财务管理的目标是什么，财务决策都应该以财务管理的目标为出发点，财务管理的目标是企业制定、评价和比较未来活动方案的标准，也是检查未来活动效果的依据。

2. 选择性

财务决策的实质是在分析、比较诸多财务方案的基础上择优选用。没有选择就没有决策，要有所选择，就必须提供可以相互替代的多种方案。实际上，为实现同样的财务目标，企业可以有多种不同的方案，而这些方案在资源的要求，可能出现的结果以及风险程度等方面均有所不同。企业所要做的就是根据企业事先确定的目标，经过系统的分析和综合，提出种种不同的方案、途径和方法，然后进行比较、选择。有时很难找到一个统一的标准，有的这一方面优于对方，另一方面劣于对方，反之亦然。这就需要决策者多动脑筋，寻找优势，以实现综合评估，在综合评估的基础上再选择最佳方案。选择不仅是必需的，也是必要的。

3. 可行性

决策是事情发生之前或人们采取行动之前的一种预先分析和选择。财务决策的目的是指导企业未来的经济活动。企业的任何经济活动都需要利用一定资源，如果缺乏必要的人力、财力、物力和技术条件，理论上非常完善的方案只能是空中楼阁。因此，财务决策方案的拟定和选择，不仅要考虑采取某种方案的目标，还要注意其实施条件的限制。具体而言，就是财务决策要根据企业的实际需要与可能量力而行，要冷静地、全面地分析和考察企业的实际情况及外部市场条件，做出符合企业实际需要的结论。例如，筹资决策时对今后偿还能力的考虑，投资决策时对市场需求和投资效益的估计与评价等，都是决策可行性要求在具体决策活动中的体现。

4. 相对最优性

财务决策选择方案的原则是最优原则。根据理性经济人的假设，决策就是在一定条件下寻找并确定优化目标和优化方案，不追求优化的决策毫无意义。因此，财务决策总是在若干个有价值的方案中做出最优选择。当然最优原则是指相对最优而不是绝对最优。绝对最优的决策往往只是理论上的方案，因为它要求决策者了解与企业活动有关的全部信息；能够正确地辨识全部信息的有用性，了解其价值，并能够据此制订出没有疏漏的行动方案；并能够准确地计算出每个方案在未来的执行结果。显然一个企业难以具备以上所有的条件，因此，根据目前的认识确定未来的行动总有一定的风险，也就是说，各行动方案的实施结果通常是不确定的。在方案的数量有限，执行结果不可确定的条件下，决策者难以做出最优选择，只能根据已知的全部条件，加上自身的认识进行主观判断，做出相对最优的选择。

5. 过程性

财务决策是一个过程，而非瞬间的行动。财务决策的过程性可以从两方面去理解。

（1）每一项财务决策本身是一个过程，具体而言，是指从决策目标的确定，到决策方案的拟定、评价和选择，财务决策本身就包含了许多工作，由众多人员参与。例如，对于企业的固定资产投资决策，不能简单地把它看成对备选方案的选择。要想获得相对最优的选择，必须事先拟订出多个备选方案，只有在分析、评价、比较各备选方案优劣的基础上，才可能得出最满意的选择；而要拟定备选方案，首先确认要达到的目标，并在目标的指引下，收集资料，做出各种可行性预测等，这一系列的活动构成一个过程。

（2）企业的财务决策不是一项单独决策，而是一系列决策的有机组合。通过决策，企业不仅要选择业务活动的内容和方向，还要决定如何组织业务活动的展开，同时还要决定资源如何筹措，结构如何调整，人事如何安排等。还以上述固定资产投资决策为例，企业对其固定资产的投资决策往往是一系列财务决策的组合：如是否投资该固定资产；如何筹集投资该固定资产的资金；用什么样的方式筹集资金；固定资产投资对企业流动资产的占用和产品生产有何影响；如何安排生产人员；等等。只有当这一系列的具体决策已经制定，并与企业财务管理的目标相一致时，才能认为相关的财务决策已经形成。

6. 动态性

财务决策的动态性是与过程性相联系的。财务决策不仅是一个过程，而且是一个不断循环的过程，作为过程，财务决策是动态的。一项财务决策，只有在满足一定条件下，在一定时间范围内做出并得到执行才是有效的，情况的变化通常会使财务决策失效。而财务决策所面临的各种情况通常又是不断变化的，因此，决策者必须监视和研究这些变化，随时调整并修正决策的方案，实现动态决策。例如，对于企业的最佳现金持有量决策，在初始确定最佳现金持有量后，该持有量并非一直保持不变，企业应当根据不断变化的现金需求量、现金转换成本和持有现金的机会成本定期对最佳现金持有量进行调整。

（四）财务决策的作用及分类

1. 财务决策的作用表现

财务决策对企业具有重要的作用，主要表现在以下几个方面：

第一，财务决策能使企业加强预见性、计划性，减少盲目性。财务决策运用一系列科学的决策方法，能比较深刻地洞察决策对象的本质，不被其表面现象所迷惑。通过财务决策，企业可以否定那些似是而非的方案，肯定那些表面看来似乎错误的方案，提高计划的准确性。

第二，财务决策是企业财务活动的依据。财务决策是企业财务管理的核心。对于企业而言，许多重要的财务问题，如制订和选择财务活动方案，确定各种财务活动的目标及实现的途径和方法，从多种渠道合理筹集企业必需的资金，确定资金的使用方向，在企业现有资源条件限制下使企业的盈利最大化等一系列重大财务问题都是由财务决策完成的，因此财务决策在企业的财务管理中具有举足轻重的作用。

第三，财务决策可以合理配置企业的各种资源。企业的一切生产经营活动离不开各种资源。只有从实物形态与价值形态的结合上合理分配各种资源，才能使企业获得最优的经济效益。从价值形态上配置各种资源，实际上是在资金合理分配的基础上实现的，这项工作只有通过财务决策才能完成。财务决策能使各种资源得到合理配置，从而为企业卓有成效地利用企业有限的资源、提高资源使用效果创造极为有利的条件。

2. 财务决策的不同分类

（1）按决策影响的时间划分，可分为长期决策和短期决策。

长期决策是指影响所及时间超过一年的决策，关系到企业今后发展的长远性和全局性，因此又被称为战略决策，如资本结构决策、项目投资决策等。

短期决策是指影响所及不超过一年的决策，是实现长期决策目标所采取的短期策略手段，如短期资金筹集决策、闲置资金利用决策等。

（2）按决策的问题是否重复出现划分，可分为程序化决策和非程序化决策。

程序化决策是指针对不断重复出现的例行性经济活动，根据经验和习惯确立一定的程序、处理方法和标准，经济业务实际发生时，依据既定程序、方法和标准做出决定的决策。如企业存货采购和销售、应收款项信用的确定、现金与有价证券转换等。程序化决策所涉及的业务经常重复出现，并有一定规律，通常可以通过形成企业内部财务制度的形式确定下来。例如，企业可以通过制定存货的采购和销售政策、信用政策、现金管理政策等，对程序化决策所涉及的业务进行规范，并据此做出决策。

非程序化决策是指针对特殊的非例行性业务，专门进行的决策。在企业的财务决策活动中，有些决策活动具有独特性，不会重复出现，它们具有创新的性质，每个问题都与以前的问题不同，这类活动称为非例行活动。例如，新产品开发、多种经营的决策、工厂的扩建、对外投资活动等。这类财务决策活动的特点是非重复性和创新性，没有统一的模式可以借鉴。由于每次决策都与以前不同，因此不能程序化，只能针对具体问题，按照收集情报、设计方案、抉择和实施的过程来解决。

（3）按决策结果的确定程度划分，可分为确定型决策、风险型决策和非确定型决策。

确定型决策是指未来的财务活动和财务关系状态在已完全确定的情况下的决策。这种决策的任务是计算分析各种方案得到的明确结果，从中选择一个最佳方案。确定型决策所处理的未来事件有一个最基本的特征，就是时间的各种自然状态是完全稳定且明确的。由于不同方案的财务活动和财务关系及其结果可以确定地进行计算，因此确定型决策一般采用定量分析方法进行决策。

风险型决策所处理的未来财务活动和财务关系具有两个最基本特征：一是未来财务活动和财务关系的各种自然状态的发生完全具有随机性质——可能发生也可能不发生，从而需要制订针对各种自然状况可能发生的多种方案；二是未来财务活动和财务关系的各种自然状态的概率可以从以往的统计资料中获得，即已知其概率的经验分布。风险型财务决策主要通过对风险报酬的计算和分析来制订与选择最优方案。

非确定型决策的特点是，不仅不知道所处理的未来财务活动和财务关系在多种特定条件下的明确结果，甚至可能的结果及各种结果发生的概率都不知道。如某个项目是否应该投资、某种设备和技术是否应当购买等，由于尚未获得必要的统计资料，因而无法确定这些事件未来各种自然状态发生的概率。在这种情况下，由于信息不全，往往给财务决策带来很大的主观随意性，但也有一些公认的决策准则可供选择方案时参考。

（4）按决策方法与程序的不同划分，可分为定性决策和定量决策。

定性决策是指根据决策者的知识和经验所做出的决策。它是决策者在掌握预测信息的前提下，通过判断事物所特有的各种因素、属性，通过经验判断、逻辑思维和逻辑推理等过程进行决策的方法。其主要特点是依靠个人经验进行综合分析对比后做出的主观判断，因而往往不需要利用特定数学模型进行定量分析。定性决策主要用于影响因素过多或目标与影响因素之间难以量化的决策。

定量决策是指通过分析事物各项属性的数量关系进行的决策，其主要特点是在决策的变量与目标之间建立数学模型，利用数学模型对备选方案进行数量分析，根据分析结果判断备选方案是否可行以及选择最优方案。定量决策主要用于决策目标和影响目标实现的因素之间，可以用数量来表示的决策。

（5）按决策是否考虑资金时间价值因素划分，可分为静态决策和动态决策。

静态决策是指不考虑资金时间价值因素的决策。资金时间价值与时间跨度的大小成正比，当决策方案影响的时间期间较短时，资金时间价值比较小，甚至可以忽略不计，因此，短期决策一般使用静态决策法。此外，静态决策具有计算简单、便于理解的优点，有时也作为长期决策的补充方法。

动态决策是指考虑资金时间价值的决策。由于动态决策考虑了资金的时间价值，同时，在对未来的现金流量进行折现的过程中，考虑了风险因素，因此动态决策主要用于长期决策。

（五）财务决策的多样方法

财务决策是财务管理的重要环节，它是指财务人员在财务目标的总体要求下，从若干个可以选择的财务活动方案中选择最优方案的过程。由于财务决策是财务预算的前提，财务预算又是通过财务活动来体现，因此，财务决策的正确与否直接关系到企业财务活动是否符合财务目标；又由于财务目标关系到企业的成败，因此应当重视财务决策方法的运用。财务决策问题的复杂性，决定了决策方法也是多种多样的。根据决策结果的确定程度，可以把决策方法分为：确定型决策方法、风险型决策方法及非确定型决策方法。

1. 确定型决策方法

确定型决策方法一般与决策问题的专业领域相关。由于确定型决策方法面对的决策结果是确定的，决策问题的结构也往往比较清楚，因此可以利用决策因素和决策结果之间的数量关系建立数学模型，并运用数学模型进行决策。得益于近几十年来学者们的不懈努力，各种与财务决策有关的财务理论和决策理论不断完善，使得确定型决策方法可以借助现有的比较成熟的理论模型进行决策。一般而言，确定型决策方法包括优选对比法、数学微分法、线性规划法等。

（1）优选对比法。

优选对比法即把各种不同方案按一定的标准排列在一起，按经济效益的好坏进行优选对比，进而做出决策的方法。优选对比法是财务决策的基本方法，又可分为总量分析法、差量分析法、指标对比分析法等。

总量分析法是指将不同方案的总收入、总成本或总利润进行对比，以确定最佳方案的一种方法。

差量分析法是指将不同方案的预期收入之间的差额和预期成本之间的差额进行比较，求出差额利润，进而做出决策的方法。

指标对比分析法是指把反映不同方案经济效益的指标进行对比，以确定最优方案的方法。例如，在进行长期投资决策时，可以把不同投资方案的净现值、内含报酬率、现值指数等指标进行对比，从而选出最优方案。

（2）数学微分法。

数学微分法是根据边际分析原理，运用数学上的微分方法，对具有曲线联系的极值问题进行求解，进而确定最优方案的一种决策方法。在用数学微分法进行决策时，凡以成本为判别标准，一般是求最小值；凡以收入或利润为判别标准，一般是求最大值。在财务决策中，最佳资本结构、现金最佳余额决策和存货的经济批量决策都要用到数学微分法。

（3）线性规划法。

线性规划法是根据运筹学原理，用来对具有线性关系的极值问题进行求解，进而确定最优方案的一种方法。管理上的很多问题可以看成是在一定限制条件下，寻求总体目标最优。如企业的资金供应、原材料供应、人工工时数、厂房、设备、产品销售数量等在一定时间内都是有限的，如何安排生产计划，使企业收入最大，就是一个规划问题。在实际应用中，规划问题的难点在于把现实问题抽象成为数学模型，即建模。规划问题的建模依实际问题的复杂程度而难易不同，大量的线性规划问题已经模型化、标准化，但还有很多不断出现的新问题需要不断地研究和解决。线性规划的方法包括图解法和单纯形法，求解一般采用计算机应用软件来进行。

2. 风险型决策方法

风险型决策也称随机决策，是指未来情况虽不十分明了，但各有关因素的未来情况及其概率可以预知的决策。由于决策者所采取的任何一种行为方案都会遇到一个以上的自然状态而引起不同的结果。这些结果出现的机会是用各自自然状态出现的概率表示的。因此，对于风险型决策一般采用概率决策的方法。

所谓概率决策法，就是在各种方案可能的结果及其出现的概率已知的情况下，用概率法来计算各个方案的期望值和标准差系数，并将他们结合起来分析评价方案的可行性，进而做出决策的一种方法。这种方法考虑了财务管理中的风险性，通过概率的形式，体现了对各种可能出现情况的考虑，在财务决策中，多期可选择方案的确定，计算净现值时对预计未来现金流量的确定以及计算期权价值时对预计未来股价的确定等，都可以用到概率决策法。

3. 不确定型决策方法

在企业的财务决策中，常常会遇到一些极少发生或应急的事件，在这种情况下，未来将会出现什么样的情况，在决策的时候是无法具体预测的。具体而言，就是只能了解事物可能出现哪几种状态，但对这几种状态出现的可能性有多大无法确切知道。这就是不确定型情况。例如，某种新产品是否应当投产、某种新设备是否应该购买等。由于企业环境的复杂与企业内部人力、财力、物力和时间的限制，有时不能进行起码的市场调查和预测，因此也将无法确定这些事件的哪一种自然状态将会发生以及各种自然状态发生的概率，可见，对这类事件的决策只能在不确定的情况下做出，即在知道可能出现的各种自然状态，但是又无法确定各种自然状态发生概率的情况下做出，这类决策问题就是不确定型决策。不确定型决策方法一般包括乐观决策法、悲观决策法、折中决策法和后悔值决策法等。

（1）乐观决策法。

所谓乐观决策法，是指在各种方案出现的结果不明确的条件下，采取好中取好的乐观态度，选择最乐观的决策方案的决策方法。这种方法的基本思想是决策者对客观自然状态总是抱乐观态度，对于以收益最大为目标的决策来说，首先找出各种方案的最大收益值，然后选择这些最大收益值中的最大者所在的方案作为最优方案。这种情况的乐观决策法又称最大最大收益值法；对于损失而言，则应从各个方案的最小损失值中选择最小损失的方案，这种情况的乐观决策法又称为最小最小损失值法。由此可见，乐观决策是把各方案的最大收益或最小损失作为必然出现的状态来看待，从而把不确定型问题简化称为确定型问题处理。这种决策方法具有一定的冒险性质，一切从最好的情况考虑，难免冒较大的风险。此种方法一般适用于经济实力较强的企业或风险投资企业。当决策者拥有强大经济实力时，采用最大的决策方法，所选的最优方案即使失败了，对企业的影响也不大。一旦成功了，可获得巨大收益。

（2）悲观决策法。

悲观决策法的思想基础与乐观决策法完全相反，对客观情况总持悲观态度，往往是决策者认为形势比较严峻，在未来发生的各种自然状态中，最坏状态出现的可能性很大，即假设采取任何方案，都是收益最小的状态发生。因此，所谓悲观决策法，是指在各种方案出现的结果不明确的条件下，采取谨慎的态度，选择最悲观或是最保守决策方案的决策方法。对于以收益最大为目标的决策来说，必须从最坏处着眼，采取较为稳妥的决策准则，即从行动方案的最小收益中选择收益值最大的方案为决策方案，这种方法也叫最小最大收益值法。而对于以损失最小为目标的决策来说，则从最大损失的行动方案中选择损失最小的方案为决策方案，这种方法也叫作最大最小损失值法。悲观决策法一般适用于风险厌恶型的企业，如果一个企业抗风险能力比较弱，或者即使采用保守的决策方法企业也能获利生存，则该类型的企业一般倾向于在选择决策方案采用悲观决策法。

（3）折中决策法。

乐观决策法和悲观决策法是按照最好或最坏的可能性进行决策的，两者都属于走极端的情况，前者过于盲目乐观而后者过于保守。折中决策法的提出，主要是为了弥补乐观决策法和悲观决策法走极端情况的缺陷。所谓折中决策法，就是通过计算"乐观系数"，对最大收益（损失）和最小收益（损失）值进行调整，计算出一个折中的收益值，然后根据比较各方案折中收益值的大小，确定最大折中收益值所对应的方案为决策方案。

折中决策法实际上是一种指数平均法。它的评价标准介于最小收益值和最大收益值之间，乐观系数在其中起到了一个权重指数的作用。折中决策法的难点在于乐观系数的确定，由于乐观系数的确定与企业的风险偏好有关，因此通过对该企业以往的决策情况进行统计分析，可以对该企业的乐观系数进行一个大概的估算。

（4）后悔值决策法。

后悔值决策法是指决策者制定决策之后，如果情况未能符合理想，必将产生一种后悔的感觉；为了避免出现最大后悔的情况，决策者以后悔值作为依据进行决策的方法。所谓后悔值，就是将各种自然状态的最优值定为该状态的理想目标，并将该状态中的其他值与最高值相减所得之差。后悔值决策法的步骤一般是先确定各种自然状态的最优值，然后计算出各方案不同情况下的后悔值，最后将各方案的最大后悔值进行比较，后悔值最小的方案为最优方案。

第二节　大数据背景下企业财务预测的变革

财务预测是企业财务管理循环中重要的一环，既是企业进行财务决策的基础，也是制定财务预算和计划的依据。大数据时代的到来，使财务预测的基础、模式、方法正经历深刻的变革。通过收集企业经营活动相关的财务数据和非财务数据，以及与之相关的其他来源的海量数据，并对这些数据进行分析与挖掘，进而发现影响企业经营的关键因素，准确地把握企业的经营现状，为提高企业运营效率、提升企业价值和开拓企业新业务提供参考与导向。而且，从这些数据中可以获取新的洞察力，预测企业经营的未来趋势，并制定适应企业未来发展规划的财务战略，更全面地推进科学财务决策。

一、大数据背景下财务数据内涵的变革

财务数据是财务预测的基础，是财务预测方法的选择及结果的精准程度的保障。随着大数据时代的到来，财务数据的内涵发生了深刻变化，主要表现在以下几个方面。

（一）财务数据规模发生了重大变化

企业在经营的过程中通过物联网、互联网、ERP 系统、电子交易平台、销售点的数据收集技术（条形码扫描仪、射频识别、智能卡技术）、收银台客户记录、电子商务网站的日志、电子购物中心顾客服务技术收集大规模的海量数据，这些数据是传统财务数据的几十倍甚至更多，这些数据在大数据分析技术的支持下都可以成为财务预测的依据。例如淘宝网围绕着买卖双方的交易、搜索、浏览、评价等每天活跃着超过 50TB 的数据量，并针对用户提供免费数据魔方、量子恒道、超级分析、金牌统计、云镜数据等信息，用户可以获取行业、品牌的市场状况、消费者行为情况等，及时调整营销手段，进而提高销量。

（二）财务数据的范围更加宽泛

在大数据时代，由于数据收集与处理技术发生了质的变化，财务预测所需的数据不仅依赖于结构化的财务数据，而更重要的是依赖于与企业日常经营活动相关的非财务数据和与企业经营无关的其他数据，因此数据范围更宽泛。不仅包括企业内部的采购、销售、库存、生产等数据，也包括来自市场的经济数据、行业数据、客户数据、交易数据、供应商数据等，同时还包括来自政府的法律法规、税收、审计数据，以及银行的信用、融资等数据，这些数据可能分布在不同的地域、不同的机构，并且以不同的数据类型存在，数量异常庞大，维度更广，范围更宽。例如对销售收入的预测，在传统预测中主要是以历史的销售数据及某个单一市场数据作为预测的依据，但在大数据背景下可采用的数据范围更宽，如电子商务平台上的点击率、客户的收货评价、销售终端的付款记录等都可以作为预测的数据基础，这些数据在传统财务决策系统中无法收集和处理，只有借助大数据技术才能实现这些分布式数据的采集与预处理。

（三）财务数据更具多样性，价值更巨大，但利用密度偏低

财务数据多样性不仅表现为财务数据来源多样，如传统财务报表、企业内部控制系统

等结构化的数据，电子商务平台、社交网络等非关系型数据库的半结构化数据和非结构化数据，同时也表现为数据类型、语态、语义的多样性，如数据表单、传感数据、文本、日志、音频、视频等。利用密度低主要是指海量数据下蕴含的相关信息、有效信息可能只是其很小一部分，信息"提纯"面广，也就是说需要在海量的数据中去挖掘有限的可用信息。

二、大数据背景下财务预测流程的变革

大数据时代下由于财务数据基础、财务数据处理技术、财务数据分析技术发生了根本性的变化，因此财务预测的流程也发生了革命性的变化。主要分为以下几个环节。

（一）财务数据收集与存储

财务数据收集是按照确定的数据分析内容，收集相关数据的过程，它为数据分析提供了素材和依据。借助互联网、物联网、电子商务交易平台、社会化网络和大数据交易平台，企业可以从企业内部、市场、税务部门、财政部门、会计师事务所、银行和交易所等机构获取各种与财务预测相关的多样化数据，为后续采用大数据技术和方法进行数据处理提供数据支持。

（二）财务数据处理

财务数据来源、结构、形态的多样化，决定了这些海量数据的复杂化、混沌化、抽象化及碎片化，面对如此庞大而复杂的数据，传统的数据处理方法已无能为力，而必须利用大数据处理技术对杂乱无章的数据进行加工整理，主要包括数据清洗、数据转化、数据提取、数据计算等处理环节，从中抽取出对预测有价值的数据，进而形成适合数据分析的样式。

（三）财务数据分析与挖掘

财务数据分析与挖掘就是从大量的数据中挖掘出有用的信息，并发现数据的内部联系和规律，为解决问题提供参考。大数据时代下面对内涵更深、结构多样复杂、数量庞大的财务数据，数据的分析与挖掘成为财务预测的关键。财务数据分析与挖掘主要对数据实行分类、聚类、关联，进而利用数据的关联性进行预测。Hadoop、HPCC 和 NoSQL 等大数据分析与挖掘技术快速发展，为企业进行财务分析与预测带来了全新的分析视角，也以日新月异的速度改变着企业的分析能力，正逐步形成财务预测的全新生态系统。在未来，对大数据的分析和挖掘能力将成为企业的核心竞争力之一。

（四）财务预测结果可视化

传统财务预测结果是通过表格和图形等可视化方式来呈现的，面对多维、海量、动态的大数据，为了清晰地传递预测结果，传统的方法难以奏效，需要利用大数据的可视化方式进行解释。一般性的有反映复杂社交网络的宇宙星球图、标识对象知名度的标签云、显示集群成员分配的聚类分析可视化技术、反映事物历史变化的历史流图和空间信息流等。通过这些可视化技术将预测结果以图像、图表、动画等形式表示出来，进而利用其他的分析手段发现未知信息。

三、大数据背景下财务预测方法的变革

传统财务预测以结构化数据为基础，以定量或定性化的模型为支撑，以从因到果的逻辑推理得到预测结果，如时间序列预测、回归分析、趋势分析等。但在大数据时代，财务预测方法已发生深刻变化，具体如下。

（一）以"全部数据"为基础的预测改变了财务预测的基础

传统的财务预测包括定性与定量分析，其中定量分析主要是时间序列预测、因果分析预测，其基础主要是统计分析中的"抽样分析"，它基于有限的样本数据来进行论证，是"小数据时代"不可能收集和分析全部数据的情况下的无奈选择。但是传统的抽样分析存在很大的缺陷和局限，因为抽样分析结果的准确性与样本的数量及样本选择的随机性有关，而实现这种随机性是很难的。在大数据背景下，财务预测不再依赖抽样的方法，而是采用全部数据的方法。数据收集、存储、处理技术翻天覆地的变化，云计算、物联网、数据库等技术的发展，为获取足够大的样本数据乃至全体数据提供了技术支撑。

（二）基于"相关性"的预测改变了财务预测的方法逻辑

传统财务管理依赖对因果关系的寻找来分析问题，先通过假设两个变量之间存在某种因果关系，然后进行证明，是通过揭示其内部的运作机制来进行分析，这种方式极大地限制了我们的思维视角。例如传统销售百分法对资金需求的预测，主要依据是会计科目与销售收入之间的依存关系，利用销售收入增长率来预测财务报表，预测出资金需求，显然这种分析无论是在科学性还是准确性上都存在很大的局限性。大数据时代的财务预测不再过度依赖因果关系，而更多的是依赖量化两个变量之间的关联性来分析一个现象。沃尔玛

"啤酒与尿布"① 的故事，就是大数据利用相关关系最著名的应用，看起来啤酒与尿布是两个毫不相关的东西，但沃尔玛利用大数据技术发现了其中的规律，并获得巨大的利益。通过对财务大数据的比较、聚类、分类等分析，寻找两个或两个以上变量之间的某种规律性，找出数据集里隐藏的相互关系，进而对企业的未来趋势做出判断与预测，正是因为这种思维模式的突破，使得大数据背景下的财务预测获得更大的创新空间。

（三）财务预测结果转向多样化

传统财务预测以结构化数据为基础，依赖统计方法对数据进行处理，利用数学模型进行预测，其结果追求精准性。而大数据以非结构化数据为主，数据结构混乱，需要改变传统财务预测的结构化、标准化和精确化的信息处理方式，设计新的且适合大数据特征的数据处理方式。同时，大数据分析以全体或总体为对象，几乎不可能找到合适的统计学或数学模型来描述全体或总体的特征、规律、联系，也很难直接或直观地发现全体或总体的本质、属性、特征、规律、联系。大数据财务预测不再追求精确的结果，而是可能提供更多需要的结果和发现，财务预测结果转向多样化和发现新知识。

第三节　大数据背景下企业财务决策的变革

在企业强调价值创造的今天，以数字化信息为主要生产要素、以万物互联网络为基本载体、以优化结构与提升效率为先导目标的数字经济，无疑是匹配企业实现生存、发展、获利目标的重要内外部环境。对现代企业而言，其财务管理活动的开展与价值最大化目标的实现离不开对数字经济大环境的理解与适应，而其中又以大数据对企业的影响最为根本和关键。从计划、决策、控制、评价等角度对企业财务管理进行区分，企业财务决策无疑是财务管理活动的核心环节，既是企业财务管理能力转化为现实价值的必由之路，也是企业经营过程与经营成果间的枢纽节点，直接关系到企业的既定目标是否合理、能否实现及实现程度。财务决策作为财务管理的"咽喉"环节，既有财务管理活动的一般属性，也有其独有特征，以下以财务决策为重点研究对象，讨论其受到大数据的影响。

---

① 传说 20 世纪 90 年代，美国沃尔玛超市的销售管理人员在分析销售订单时发现，啤酒与尿布这两件看起来毫不关联的商品竟然经常会出现在同一个订单中。后来跟踪调查发现，原来美国的年轻夫妇一般在周五晚上妻子会安排丈夫去超市购买尿布，而丈夫在购买尿布时总会忍不住顺便给自己买上几罐啤酒，这就是为什么啤酒和尿布这两件看起来毫不关联的商品经常会出现在同一个购物篮中。这个故事至今仍是大数据挖掘中津津乐道的经典案例。

一、大数据给企业财务决策带来的机遇

（一）大数据促使数据成本逐步下降

首先需要明确的是，以财务决策为重点研究对象，并不意味要将财务决策从财务管理的整体活动中割裂出来单独研究，相反，对于财务决策的研究离不开对于决策前后相关活动的关联分析。

基于此，在进行财务决策前及决策过程中，通常需要对决策相关的财务与非财务数据进行获取、处理、分析等必要程序，从而为财务决策提供相关依据；在财务决策进入实施阶段时，需要对能体现决策实时进程及阶段性成果的数据实施必要程序，从而对决策的实施进行反馈与控制；在财务决策实施完成后，需要对能体现决策进展过程及最终成果的数据实施必要程序，以评价财务决策的效率与效果。通过上述分析可以看出，财务决策的整个过程都涉及数据的获取、处理、分析等必要环节。数据成本大致可以细分为数据获取成本、数据处理成本、数据分析成本等类型，数据成本是财务决策过程中必须考虑的基础相关成本。由于大数据所具有的巨量性、高速性特征，站在市场整体的角度看，企业的数据获取成本一直呈现下降趋势；由于大数据具有的多样性特征，企业可根据自身需求获取所需类型的数据，尤其是企业直接获取决策相关结构性数据的可能性不断提高，在一定程度上降低了企业的数据处理及分析成本。

另外，从数据本身与大数据技术综合分析的层面看，数据技术的不断发展在直接降低相关数据成本的同时，也间接放大了数据本身的成本降低效果。总体而言，大数据时代下的数据环境为企业财务决策提供了重要的成本优势机遇。

（二）大数据有效降低了市场信息不对称程度

在信息不对称理论的分析体系下，经济活动的主体之间存在广泛的信息不对称，由此导致的逆向选择与道德风险等现象普遍存在于市场之中。信息不对称的形成有着各种各样的具体原因，但是从其表象来看，大致类似在参与经济活动的主体之间出现的一道道信息墙，这样的墙或是因客观限制而存在，或是因主观行为而筑起，它们阻断了信息的流动，造成了不对称差异。信息与数据之间存在一定差异，但也有着重要的内在联系，一般可以认为信息是数据的含义或者内涵，而数据则是信息的载体或表现形式。大数据及其所包含的信息几乎涵盖了经济活动的方方面面，并且对于每一经济活动的每一方面都可能存在大幅超出必要描述量的数据与信息量，进而大大削弱了信息不对称的存在基础。

此外，大数据可以从不同方面体现同一经济活动，就算直接相关的信息出现不对称，那么企业在财务决策过程中也可从侧面相关的数据中分析经济活动，这也就变相降低了信息不对称程度。可以说，数字经济下的"数据爆炸"极大地压缩了信息不对称的存在范围，从体量、流动、渗透等多个角度有效地降低了市场整体的信息不对称程度，进而充分地缓解了信息不对称因素对企业财务决策的局限作用，使企业财务决策能够更有效、更高效地实现企业价值最大化目标。

（三）大数据强化了企业财务决策的可评价性

企业财务决策实施过程中的反馈、调整以及实施完成后的评价均是企业财务决策的重要关联活动。一般情况下，对于企业财务决策实施过程的控制以及完成后的评价，都建立在企业所取得的财务成果的基础上，否则可能导致对决策实施过程的控制缺乏时效性和针对性，进而出现财务决策结果评价的片面化。在大数据背景下，企业与市场上其他主体共同进行经济活动都可能被数据所描述和体现，那么企业的财务决策在实施过程中以及实施完成后都有一定概率能够从企业内外部得到充分的、具有强时效性的相关数据，去进行财务决策的实施中和实施后评价，并以此提升财务决策的效率与效果。从大数据的主要特征看，企业获得实时性、相关性、多样性的相关评价数据的概率正不断提升，这也就意味着数据环境为这样的评价提供了越来越充分的数据基础，解决了以前存在的相关评价数据匮乏以及缺乏时效性、多样性的问题，从相关数据的基础层面强化了企业财务决策的可评价性。

二、大数据给企业财务决策带来的挑战

（一）大数据对企业数据价值化能力提出更高要求

对企业的财务决策而言，仅客观存在但无法加以利用的大数据几乎没有任何价值，所以在企业财务决策中对大数据进行获取、处理、分析等程序才能实现数据的价值化。然而随着大数据总量的不断跃升，与企业财务决策相关的数据在数据总量中的占比不断下降，导致数据的相关价值密度持续降低。同样，在企业进行财务决策时也面临如何满足决策对于数据相关性、时效性、完整性、可靠性等质量要求，由于数据巨量性、高速性、多样性等特征，企业及时获取相关数据的难度越来越大，数据爆炸对于企业财务决策中的数据获取能力形成严峻挑战。

进一步讲，在企业获得相关数据后，一般要进行数据处理，按照一定标准或企业财务决策需求对相关数据进行充分的规范、整合以实现最大限度的结构化。数据是否结构化对于企业的决策效率具有至关重要的影响，结构化的数据在应用过程中能够实现较大程度的

量化与自动化，而非结构化数据则一般需要投入较大人力成本和时间成本进行处理或分析。在数据处理环节，数据的多样性对企业的数据整合与结构化能力形成了主要挑战，能够获取数据但无法把数据处理成满足分析要求的模式，也是企业数据价值化能力不足的重要体现。

在缺乏数据时，企业可能做出片面的、不合理的财务决策，而在数据过于丰富时，企业却可能无法做出财务决策。数据的分析环节是企业形成财务决策最终结论前最为关键的一个环节，可以说分析的结果直接决定了企业最终做出什么样的财务决策。虽然数据经过获取、处理等环节后已经具备了较高的可分析性，但是由于数据较高的丰富程度，进入分析环节的数据可能分别支持差异性较大甚至是互相矛盾的结论。当企业在财务决策中遇到这样的情况，如果不能进行合理的取舍与平衡，可能就无法形成分析结论，进而难以做出财务决策。数据的极大丰富对于企业财务决策整体过程中的分析能力、判断能力、取舍能力、平衡能力都提出了更高的要求，相对于企业财务决策分析能力较为不足的现状，这无疑成为大数据对财务决策的又一重要挑战。总而言之，虽然现在数据技术的发展能在一定程度上缓解数据本身对于企业数据价值化能力的挑战，但从市场整体的角度看，企业财务决策中的数据价值化能力无法匹配大数据特性依然是企业在当前数据环境中所面临的重要挑战。

（二）大数据使企业数据安全风险持续增加

"数据即资产"是数字经济时代较为显著的特征之一，但是处于当前数据环境中的企业由于主观意识缺失及客观条件限制等，无法使企业数据安全程度达到应有水平。从客观层面讲，大数据的流动是交互式的，企业在获取外部数据的过程中不可避免会流出数据，虽然企业可以采取一定措施尽可能降低数据流出程度，但是企业与外部数据环境的联系越紧密、互动越频繁，企业在实际操作层面流出财务决策相关重要数据的可能性就越大。企业进行的所有活动都有可能产生数据，而在所产生的数据中，企业一般都只对能意识到其产生并认为其重要的数据进行保护，而对于没有意识到其产生或认为其不重要的数据缺乏保护，因此企业不知道或不重视的数据就可能会流入外部数据环境中。对于企业认为不重要的那部分数据，由于企业自身判断的局限性可能会导致财务决策相关敏感数据外泄，而在企业并未意识到其产生的那部分数据中，也可能存在对企业财务决策有较大影响的数据，这些敏感或重要的数据一旦外泄，可能给企业财务决策的制定与实施造成较严重的不利影响。总体看来，重要数据外流所带来的数据安全问题及其造成的相关后果，对于企业财务决策而言是不容忽视的一大挑战。

（三）大数据对现行财务决策目标形成冲击

实现企业价值最大化是目前被广泛接受的一种财务管理目标，也是财务决策的最终目标。企业的价值有多方面，既包括企业的经济价值，也应包括企业的社会价值；既包括投入者所关注的价值，也应包括其他利害相关者所关心的价值，由此看出，企业价值的衡量既需要财务数据，也需要非财务数据。但是在实际的财务决策活动中，由于决策相关数据与决策方法等客观因素的限制，企业价值最大化的目标往往被具体化为股东财富最大化或股价最大化，而股东财富或股价往往只能反映企业价值的一个方面，大量其他方面的企业价值由于这样的具体化而被忽略。可想而知，由于财务决策实际奉行目标的片面性，企业所做出的财务决策自然就难以最终实现真正的企业价值最大化目标。然而，随着数字经济的不断发展，大数据中已然出现了可以更加全面地表述企业价值的相关数据，并且按照数据的特征可以推断，这样的相关数据将随着时间的推移而持续增加。那么，在目前以及未来的市场竞争中，谁能在充分利用相关数据的基础上，以更全面的企业价值最大化为目标，谁就更有可能在市场竞争中胜出，因为决策目标越合理，财务决策就可能越有效、越高效。数据的发展与丰富将迫使企业的财务决策目标从片面的价值最大化走向全面的价值最大化，这也正是当前数据环境对于企业财务决策理念的重要挑战。

三、大数据背景下企业财务决策的变革举措

（一）全面提升企业自身的数据价值化能力

面对大数据对企业数据价值化能力的挑战与数据相关价值所带来的机遇，企业应首先全面提升自身的数据价值化能力，对此，企业大致可以从内部提升与外部提升两个方面入手。

1. 内部提升

一是企业应完善或优化与数据获取、存储、处理、分析等相关的硬件设施及配套设施，如建立与企业数据存储量相适应的服务器、建立与企业数据流量相匹配的网络基础设施、配置满足企业数据处理和分析性能要求的计算机、配套数据应用过程中所必需的电力系统及冷却系统等。

二是企业应建立满足财务决策需求与数据应用要求的软件系统，其中应当包括数据挖掘软件、数据处理软件、数据分析软件等专业化数据软件，同时还应包括财务决策支持系统与智能财务决策系统等与财务决策相关的软件系统。

三是企业应当组建满足数据价值化要求的财务决策人才队伍，相关人员应当是懂财

务、懂业务、懂管理、懂数据的跨专业复合型人才。为了组建能力强、稳定性高的财务决策团队，企业应在日常活动中注意发掘和培养财务决策人才。另外，企业也可以通过对外引进的方式快速解决关键急需人才的短缺问题。

四是企业应当建立能够最大限度实现数据价值的财务决策管理体系。财务决策管理体系是企业财务管理体系的一部分，企业应在满足财务管理活动整体性、连续性等要求的基础上，尽可能建立以企业内外部经营环境为前提、以决策目标为先导、以相关数据为基础、以分析决策相关技术为手段、以财务决策结论为核心、以财务决策成果为检验的一整套规范化、制度化的财务决策体系，并不断调整完善，最大限度匹配企业数据环境。

2. 外部提升

一是企业可以通过专业技术服务外包的方式，将数据的获取、处理、分析等环节部分或全部委托于专业的数据服务商，补充或优化企业在财务决策活动中的数据价值化能力。这样高度市场化的提升方式对企业财务决策活动而言应该是相对效率最高的，但也可能是数据安全风险最高的方式。

二是企业可以采取合作共建的方式实现数据应用能力提升，通过与高校、科研院所、其他企业等合作方进行数据项目的共建共享，企业能够充分利用其他合作方的相对优势，有效提升企业数据使用能力。

三是企业还可以通过对外合并相关数据服务公司的方式，直接高效地提升企业数据价值化能力，这种方式一般适用于规模较大的企业，并且对企业的治理能力与整合能力有较高要求。

（二）提升数据安全到一定水平

为了保障自身利益不因数据安全问题受到侵害，企业在财务决策活动中必须采取有效措施将数据安全提升到一定水平之上。

一是企业应从制度体系建设入手提升数据安全水平，在现有信息安全与保密规定等制度体系的基础上，建立和完善更具针对性的财务决策数据安全制度体系，通过观察数据的基本流动过程，识别财务决策活动中可能发生数据泄露的风险点，并对风险点的数据流动加强管控。企业还应建立与数据安全相关的奖惩制度、培训制度、数据管理制度等，形成完整的数据安全制度体系。

二是企业应逐步建立科学、规范的内部数据风险程度判断标准体系，按照风险等级对数据进行不同程度的控制和保护，提升数据安全水平。

三是企业应从全体人员层面出发，通过数据安全宣传、培训等方式，建立普遍的数据安全基本意识，针对财务决策关键人员应进行重点培训，并对其实施定期的测试、检查、评估等。

（三）调整财务决策的实际最终目标

理论上讲，企业价值最大化是财务管理的目标，也是财务决策的最终目标，但在实际进行财务决策过程中，企业往往以股东财富最大化、股价最大化等作为企业价值最大化的具体替代，这样片面的替代已经无法适应当前及未来的数据环境与竞争环境，为了能在市场竞争中获胜，企业应当调整财务决策的实际最终目标，关注更加广泛的企业价值。具体来讲，企业可以首先尝试从不同方向入手，找到更多能够表征企业价值的财务或非财务指标，并依据这些指标构建出符合企业实际的、多元化的企业价值体系，随后根据价值体系的相关量化或非量化描述需求，进行数据的获取、处理、分析等，最后做出更加合理有效的财务决策。

另外，企业也可以采取与上述方法逻辑相反的措施来调整财务决策的实际最终目标，企业可以先对有关的内外部数据进行挖掘，确定相关数据是否能够支持建立其他维度的企业价值描述，如果数据具备足够的支持能力，则将其所支持的价值维度纳入财务决策的考虑范畴，最终形成更加全面的财务决策。这种先从数据层面入手的方法对企业的数据挖掘与应用能力有较高要求。

总之，大数据背景下，企业财务决策面临诸多机遇与挑战，应当采取具有针对性的、合理的变革举措来适应全新的竞争环境。由于大数据本身所具有的巨量性、多样性、高速性、价值性、真实性等一般特征，其为企业财务决策带来了数据成本逐步下降、市场信息不对称程度有效降低、企业财务决策的可评价性提升等机遇，也给企业带来了数据价值化能力要求更高、数据安全风险持续增加、现行财务决策目标亟须改进等挑战。为了把握机遇、应对挑战，企业在财务决策活动中可采取提升数据价值化能力、提高数据安全水平、调整财务决策目标等措施，适应当前数据环境，提升财务决策的效率与效果。企业在实际财务决策及相关活动中应充分结合自身情况，以成本效益为基本原则，因企制宜、因地制宜、因时制宜，合理有效地强化优势、补齐短板、把握机遇、应对挑战。

第四节 面向大数据的企业智能财务决策支持

智能财务决策支持主要是指以财务管理相关理论及方法、计算机科学技术为依托，利用信息化的手段综合分析相关企业的外部和内部环境影响因素，保障财务分析的数据和结果具备准确性、客观性和及时性，并把这些财务信息资源深入有效地应用于企业的运营决策中，从而为企业管理层做出正确、科学的决策提供及时全面的财务信息支持。

一、面向大数据的企业智能财务决策支持系统的优点

在实务中，企业基于大数据技术在内部构建智能财务决策支持系统的积极意义主要体现在以下三个方面：

一是可以大幅提升企业的财务管控能力，促使企业的战略落地，即智能财务决策支持系统能够利用大数据技术实现对会计数据的分析和信息挖掘，及时发现企业在财务决策过程中出现的问题并加以应对，从而合理防范财务决策风险，促进企业战略目标的落地。

二是能够为企业的投资、筹资决策提供更为科学、高效的数据支持。在面向大数据的智能财务决策支持系统环境中，企业可以更快速、高效地实现财务数据的收集和分析，并在系统内利用决策分析子模块为投资、筹资等财务决策提供全面、科学的数据支持，从而提高企业财务决策的效率。

三是更利于提升企业的财务管理集中化程度，合理提升财务管理质量。在面向大数据的智能财务决策支持系统环境中，企业可以借助大数据技术实现财务决策信息的共享，从而对财务管理决策体制进行调整，从整体上促进企业财务管理的集中化程度，进而提升财务管理质量。

二、面向大数据的企业智能财务决策支持系统的构建

如上文所述，面向大数据的企业智能财务决策支持系统对于企业的财务管控能力、财务决策效率和财务管理质量的提升具有积极的促进作用。鉴于此，本书建议按照以下步骤在企业内部构建面向大数据的智能财务决策支持系统，以有效利用其促进作用实现对企业财务决策水平的提升。

（一）明确构建目标和原则

在面向大数据的企业智能财务决策支持系统的构建过程中，明确的构建目标和原则是基础和关键。在实务中建议企业将系统的构建目标和原则明确如下。

1. 构建目标

在智能财务决策支持体系构建过程中需把决策工作的高效化和财务管理集中化明确为面向大数据的智能财务决策支持系统的构建目标，即利用大数据技术通过数据共享实现财务基础数据的快速准确收集，从而大幅缩短数据的收集、分析时间，及时满足智能财务决策支持系统的数据需求，有效提高决策工作的效率，而在系统构建过程中要以大数据技术为依托，重新构建集中度较高的财务管理模式来帮助企业提升财务管理质量，从而提供更

加科学有效的财务决策。

2. 构建原则

在智能财务决策支持体系构建过程中需要把以下三个原则确认为构建智能财务决策支持系统的基本原则：

一是以满意代替最优原则，即在构建系统的过程中要结合企业的实际需求和现实效果，致力于选择最适合本企业整体战略发展的最满意决策，而非一味追求最优。

二是分散基础上的集中决策原则，即依托大数据技术收集分散的财务相关信息并在此基础上对决策方案进行战略分析，最终集中出最佳决策方案。

三是能满足财务决策者个性化需求的原则，即在构建智能财务决策支持系统的过程中应该利用多层次模型、深层次数据挖掘技术，构建出智能化程度更高，更能符合财务决策者个性化需求的体系。

（二）总体构建思路

在明确了面向大数据的企业智能财务决策支持系统的构建目标和原则的基础上，要构建出科学高效的智能决策支持系统，可从如下总体思路入手：以 B/S 三层式架构为总体框架，分别从数据获取层、数据存储层和数据分析层三个层次运用财务决策的相关工具与方法以及大数据技术，对所收集到的大量财务数据进行挖掘分析并生成预测报告或者统计趋势分析，能自动形成对管理层的财务决策有重要支持作用的信息。

（三）具体子系统及其主要内容

如上文所述，在设计了面向大数据的企业智能财务决策支持系统的总体思路的基础上，需要结合企业在财务决策实践中的具体内容对该系统的各个子系统及其功能模块的内容进行设计和构建。在实务中我们可以把面向大数据的智能财务决策支持系统划分为三大子系统：一是财务分析子系统，二是财务控制与计划子系统，三是财务预测与决策子系统。这三个子系统具体涉及的内容如下。

1. 财务分析子系统

在智能财务决策支持系统中财务分析子系统的主要功能在于能够给管理层提供一个企业当前的整体财务状况信息，从而为其依据支持信息进行主观财务决策提供一个较为直观的信息环境，因此在该系统中应当涉及财务风险的分析、资产、现金流和成本等内容的综合分析。据此我们把财务分析子系统的内容界定为四个方面：一是企业盈利、偿债和营运能力等涉及财务风险的分析；二是包含固定资产、存货、应收账款等内容的资产情况分析；三是包含现金流动总量、营业现金流量等内容的现金流分析；四是包含生产经营成本、管理费用、销售费用等在内的成本相关内容的分析。

2. 财务控制与计划子系统

财务控制与计划是对企业的生产经营所需的资金、收入、支出和分配等进行合理的计划与安排，是对财务决策的具体落实情况的反映。因此在实务中可对该子系统的内容做如下界定：利润计划、成本计划、现金流量计划、经济指标控制和财务收支预算控制等。

3. 财务预测与决策子系统

财务预测与决策子系统的主要职能在于通过与生产、存货和销售等内容相关的预测与决策，为管理层进行后期的财务战略决策提供有力的数据支持，因此我们把该子系统的内容界定为以下四方面的内容：一是筹资预测决策模型，即在系统内利用相应的资本结构相关理论来对筹资渠道及筹资的内部结构进行预测，从而对筹资规模及其长短期结构等具体内容进行智能化的决策；二是投资预测决策模型，主要包括投资项目的选择及评价等智能决策模型；三是存货的预测决策模型，主要包括企业的库存预警、库存结构分析以及经济订货批量等主要智能财务决策支持模型；四是效益与利润分配决策模型主要包括总资产利润率分析、目标利润计算和利润分配等相关决策模型。

第四章 大数据背景下企业财务风险管理

第一节 企业财务风险管理概述

一、财务风险概述

（一）风险

尽管学者对风险的定义各不相同，但都强调风险的不确定性：风险是指预期结果的不确定性。风险不仅可能带来超出预期的损失，也可能带来超出预期的收益。

1. 风险的特征

风险具有以下五个特征：

（1）客观性。风险的存在与发生不以人的意志为转移。

（2）不确定性。它是风险最本质的特征。由于客观环境的不断变化，以及人们对未来环境认识的不充分性，导致人们对事件未来的结果不能完全确定。

（3）可控性。虽然风险具有不确定性和偶然性，但大量风险事件的发生具有必然性，并呈现出一定的规律性与可测性。因此，风险的发生可用概率等方法加以测度，并可对其进行有意识的控制。

（4）两面性。风险不仅具有损失的不确定性，而且具有收益的不确定性。因此，在实际工作中应树立正确的风险意识，既要尽力避免风险损失，也要努力创造风险收益。

（5）动态可变性。虽然风险可以转换，但在不同阶段，新的风险仍然不断产生。

2. 风险的分类

通常，按照不同的原则，风险可以有多种分类。

风险按产生的不同原因分类，可以分为自然风险、社会风险、政治风险、经济风险、法律风险和技术风险。自然风险是指由于自然现象或物理现象所导致的风险。社会风险是指由于个人行为反常或不可预测的团体过失、疏忽、侥幸、恶意等不当行为所导致的损害风险。政治风险是指政治原因引起社会动荡而造成损害的风险。经济风险是指在产销过程中，由于有关因素变动或估计错误而导致的产量减少或价格涨跌的风险。法律风险是指由于颁布新的法律法规或对原有法律法规进行修改等因素而导致经济损失的风险。技术风险是指伴随科技的发展、生产方式的改变而发生的风险。

风险按性质分类，可以分为纯粹风险和投机风险。纯粹风险是指只会造成损失而不会带来收益的风险。它导致的结果只有损失和无损失。纯粹风险是普遍存在的，但这种风险何时发生、后果有多严重，往往无法事先确定。投机风险是指既可能造成损失也可能创造额外收益的风险。它产生的结果有三种：损失、无损失和盈利。该风险具有一定的诱惑性，使冒险者愿意"铤而走险"。纯粹风险与投机风险的重大区别在于：在相同条件下，纯粹风险重复出现的概率较大，呈现某种规律性，因而人们能较为成功地预测其发生的概率，相对容易采取管理措施。

风险按损害的对象分类，可以分为财产风险、人身风险、责任风险和信用风险。财产风险是指导致财产发生毁损、灭失和贬值的风险。人身风险是指因生、老、病、死、残等原因而导致经济损失的风险。责任风险是指因侵权或违约，依法对他人遭受的人身伤亡或财产损失应负赔偿责任的风险。信用风险是指在经济交往中，权利人与义务人之间，由于一方违约或犯罪而造成对方经济损失的风险。

风险按是否可分散，可以分为系统风险和非系统风险。系统风险又称市场风险或不可分散风险，是指由于政治、社会环境等企业外部因素的不确定性而产生的风险。它存在于整个市场中，对所有企业都会产生影响。非系统风险又称企业特有风险或可分散风险，是指由于企业内部因素所引起的只发生在个别企业内的风险。它产生的原因主要是一些直接影响企业经营的因素，以及个别企业发生的不可预测的天灾人祸等。

风险按影响范围的大小分类，可以分为基本风险和特定风险。基本风险是指损害波及整个经济或大多数人群的风险。特定风险是指与特定的人有因果关系的风险，即由特定的人所引起，而且损失仅涉及个人的风险。其影响范围小，不具有普遍性。基本风险与特定风险的界定有时需要从具体的出发点来考虑，在某些情况下，两者很难严格区分。

（二）财务风险的含义与特征

1. 财务风险的含义

财务风险是企业财务活动风险的集中体现，它有狭义和广义之分。

狭义的财务风险。狭义的财务风险即传统财务风险，是指企业用货币资金偿还到期债务的不确定性，又称融资风险或筹资风险。该观点从货币资金的运营来界定财务风险，认为财务风险是因偿还到期债务而引起的，即财务风险源于企业负债融资。

广义的财务风险。企业的财务活动是一个复杂的系统过程。从财务活动的内容来看，企业财务活动是企业生产经营活动的前提条件，是资金筹集、投资、占用、耗费、收回、分配等活动环节的有机统一。对财务风险的认识，必须从财务活动的全过程、财务的整体观念出发，并最终联系到财务收益上来。因此，广义的财务风险是指在企业财务活动的过程中，由于各种难以或无法预料、控制的因素作用，使企业的实际收益与预期收益发生偏离的不确定性。因此，广义的财务风险既包括筹资风险、投资风险、资金收回风险、收益分配风险、营运资金管理风险等，还包括期货风险、并购风险和存货风险等。

2. 财务风险的特征

"财务风险表现为企业在一定时期内实际的财务收益与预期收益发生偏离，从而蒙受损失的可能性。"① 正确认识财务风险特征，有利于我们正确了解财务风险，以便更好地管理财务风险。具体而言，财务风险具有以下六大特征。

（1）客观性。财务风险不以人的意志为转移而客观存在，其客观性取决于形成财务风险动因的客观性。其客观性还表现为财务风险的不可避免性，只要企业开展经营和财务活动，财务风险就是必然事件。

（2）不确定性。其具体表现为：财务风险内涵的肯定性和外延的偶然性；财务风险发生的概率难以准确计算；财务风险的后果是潜在的。

（3）可控性。大量财务风险事件的发生呈现出一定的规律性和可预测性，财务风险是可控的。例如，企业可以采取不同的方式实现并购。通过比较可以发现，股权并购能有效解决一些法律限制。

（4）全面性。财务活动本身是一项综合活动。在企业经营管理过程中，资金筹集、资金运用、资金积累分配、运营资金管理等所有财务活动，均会产生财务风险。

（5）两面性。财务风险既有损失的一面，又有风险收益的一面。通常，风险与收益成正比，风险越大收益越高。企业既要看到财务风险的危害性，提高风险的控制能力，又要加强对财务风险规律的探索，进行科学决策。

（6）相关性。财务风险发生与否以及产生何种风险结果，与行为者的行为及决策紧密相关，即财务风险与管理人员的主观意识、能力素质等密切相关。针对某一财务风险事件，同一行为者由于制定的决策或采取的措施不同，风险结果也不同。

（三）财务风险的分类

在不同的财务环境、不同的企业成长周期中，财务风险针对不同的经营主体和财务目

---

① 张曾莲. 企业财务风险管理［M］. 北京：机械工业出版社，2014：98.

标有不同的表现形式和风险种类。

1. 按财务风险后果的严重程度分类

按照企业财务风险后果的严重程度，财务风险可分为以下三类：①轻微财务风险。它是指损失较小、后果不很严重、对企业生产经营管理活动不构成重要影响的各类风险。②一般财务风险。它是指损失适中、后果明显，但尚不构成致命威胁的各类风险。③重大财务风险。它是指损失较大、后果较为严重的风险。其后果通常会直接导致重大损失，并难以恢复，甚至威胁到企业的存续。

按照企业财务风险后果的严重程度分类，是为了针对不同类型的风险，采取不同等级的处理措施。当然，各种财务风险的划分并不绝对，它们在一定条件下会相互转化。对财务风险的防范和控制，主要针对重大财务风险和一般财务风险。

2. 按照公司理财活动的内容分类

按照公司理财活动的内容分类，财务风险可分为以下四类。

（1）筹资风险。它是指企业在筹资过程中，在筹资时机、筹资方式、筹资规模等方面，由于筹资环境和筹资决策失误而产生的风险。筹资风险分为收益变动风险和偿债风险。

（2）投资风险。它是指投资不能达到预期效益，从而影响企业的盈利水平和偿债能力的风险。它包括两部分：一部分来自长期投资，具体包括股票投资风险、债券投资风险、证券投资组合风险、外汇投资风险及其他投资风险；另一部分来自短期投资，如存货价格变化风险。

（3）资金回收风险。它是指企业销售产品，从成品资金转化为结算资金，再从结算资金转化为货币资金这两个转化过程在时间和金额上的不确定性。它包括存货风险和应收账款风险。

（4）收益分配风险。它是指由于收益分配可能给企业今后的生产经营活动带来的风险。它主要体现在收益确认风险和分配风险两方面。收益确认风险是指由于客观环境因素的影响和会计方法选择不当，使企业当期少计了成本、多计了收益而产生的风险。收益分配风险是指由于对投资者分配收益的形式、时间和数额选择不当而产生的风险。

3. 按相关财务活动的普遍性分类

根据相关财务活动的普遍性，企业财务风险可分为以下两类。

（1）普通时期财务风险。它是指企业的日常财务活动所涉及的财务风险，如筹资风险、投资风险、资金收回风险和收益分配风险等。

（2）特殊时期风险。它是指企业在日常经营活动之外，在特殊情况下，进行重大的财务活动时所涉及的财务风险，如并购风险、衍生金融工具风险、跨国经营财务风险及担保风险等。判断一种风险是不是财务风险，主要看该活动会不会引起企业的财务状况发生变化或带来某种不确定性。并购风险是指企业为求生存和发展，在对企业的现有规模和组织机构进行调整的过程中，在重组内容、重组方式等方面出现的风险。衍生金融工具风险中，衍生金融工具是现代企业进行资本运营的典型方式，其为企业拓宽融资渠道的同时，也为企业带来更多的风险。其跨期的不确定性、投机套利、保值等功能，使参与交易的主体要承担未来金融市场价格变动带来的高额损失。在跨国经营财务风险中，跨国经营活动是一项风险性很强的国际经营活动，公司在跨国经营过程中会遇到汇率风险、利率风险、政治风险等多种风险，各种不稳定因素最终都体现在企业的财务结果中。担保风险是指为其他企业的举债提供担保，却因其他企业无力还款而代其偿还债务的风险。

（四）财务风险的成因

对于企业财务风险的成因，可采用二层次多维度分析模式进行分析：第一层次为企业的外部经营环境因素和内部管理因素；第二层次为财务风险表征因素，即企业会计要素及其结构。通过二层次多维度分析，企业财务风险产生的原因可分为外部因素和内部因素。

1. 外部因素

企业财务活动的外部环境因素包括自然环境、政治法律环境和经济环境等，它们虽然存在于企业之外，但对企业的财务活动产生重大影响。具体包括：自然环境的不确定性；政治法律环境的不确定性；经济环境的不确定性。企业不能简单地、被动地适应环境，应针对外部环境的变化，积极发挥主观能动作用。在一定范围内，对企业经济环境的发展和变化应有充分的把握，并在各种复杂的因素中，确定对企业发展有利和不利的因素，适时调整企业的财务管理战略。

2. 内部因素

企业内委托代理关系的存在、相关机构设置和制度建设的不完善等因素，也是导致财务风险发生的原因。具体表现在：所有权结构产生的委托代理；企业管理人员素质的高低；财务风险防范的制度建设；企业生命周期的不同发展阶段；企业财务风险表征要素的复杂性。

总之，企业外部环境的不确定性和内部管理因素的复杂性都可能给企业带来财务风险，而且，企业外部经营环境也会给内部管理因素带来影响。每家企业应根据自身的风险情况，针对财务风险成因，采取科学的财务手段，将财务风险控制到最低。

二、财务风险管理的职能分析

企业财务风险管理是指企业为应对和改变所面临的各种财务风险状况而事先采取的一系列管理措施与行为。企业应在充分认识其所面临的财务风险的基础上，采取各种科学、有效的手段和方法，对各种风险加以预测、识别、评价和控制，以最低的成本确保企业资金运行的连续性、稳定性和效益性。

财务风险管理职能也称财务风险管理功能，既是财务风险管理本质的反映，也是财务风险管理的内在功用。

第一，财务风险警戒。它是指对财务风险保持高度的警惕和严密的戒备，对资金运动过程中可能出现的风险要素保持合理的怀疑，对理财活动持有谨慎态度，提高对或有风险的重视，并建立必要的监控机制。

第二，财务风险定位。财务风险定位包括财务风险定性和财务风险定量。它是指对存在于企业内部和外部的各种财务风险进行分类、过滤、剖析，弄清哪些属于企业财务风险，哪些尚不构成企业财务风险。财务风险定量是指对财务风险进行数量界定，分析财务风险对企业的威胁程度及企业的承受力，可能造成的危害以及影响。

第三，财务风险防范。它是指对于面临的财务风险，根据识别和定位的结果，果断地采取措施进行必要的准备和防范。这种准备和防范是对风险有针对性的回应，是从众多应对财务风险的策略中选择的最佳方案。

第四，财务风险处置。它是指对已发生的财务风险进行应急处理，或者对已造成损失的风险进行补救，对自身损失进行反思，并对有关责任进行惩戒，同时总结经验教训，制定相应的防范措施。

第五，财务风险应对。财务风险警戒、定位、防范和处置都属于财务风险管理的防御性、平衡性职能，而应对风险的能力则属于财务风险管理的建设性职能。它要求企业通过财务风险管理提高自身察觉风险、判断风险、估计风险的综合能力，从而提高自身的业务素质。

三、财务风险管理的基本程序

财务风险管理的基本程序体现了管理工作的内在联系和运行规则。它包括财务风险管理目标确定、财务风险识别、财务风险估计与评价、财务风险决策和财务风险处理五个步骤。

（一） 财务风险管理目标确定

这是整个财务风险管理的起点，对整个财务风险管理过程起着根本性的决定作用。企业财务风险管理目标应与企业总体目标相一致；企业财务风险管理目标应具有层次性；企业财务风险管理目标应具有明确性；企业应处理好成本与收益的关系。企业应根据实际情况，制定具体的财务风险管理目标。对于有些财务风险的发生，企业若无能为力、不能预防，就要采取措施，力求在风险发生之后把损失降到最低。

（二） 财务风险分析

它是企业财务风险管理的首要环节。

通过准确地发现和判断企业所面临的各种财务风险，确定风险发生的概率及损失程度，可为进行风险管理决策及选择有效的风险管理技术提供可靠的依据。

财务风险分析包括财务风险识别、财务风险估计与评价两个步骤。

1. 财务风险识别

它是在风险事故发生之前运用各种方法和工具，找出研究对象所面临的各种潜在风险以及风险事故可能发生的原因。由于影响企业财务风险的因素众多且错综复杂，一般主要采取定性分析的方法来识别具体的财务风险，如风险清单分析法、财务报表分析法、流程图、因果树和事故树等。通常企业较多使用的方法是专家调查法。

2. 财务风险估计与评价

它是在风险识别的基础上，对财务风险发生的可能性及其造成损失的程度进行估计和计算，并揭示财务风险发生的可能性和破坏程度的过程。对财务风险的估计与评价有三种方法：

（1） 根据财务指标估测。它主要适用于可借助财务指标衡量其水平的风险资产或风险活动。具体步骤为：选择适当的财务指标；确定财务指标基准；利用现有的资料对财务指标进行测算；与财务指标基准进行比较；对财务风险进行量化描述。

（2） 概率估测法。它是利用概率分析法，通过计算相关收益的期望值及其标准差和变异系数来衡量财务风险的方法。该方法更适用于对项目风险和非系统风险的估测。具体步骤为：预测各种可能的结果及其相应的概率；计算期望收益率；计算标准离差；计算标准离差率；评价。

（3） 财务诊断法。它是利用企业的经验数据，得到反映企业财务风险的经验模型，来对企业的财务风险情况进行诊断的方法。它一般选择一些比较敏感的财务指标建立预警模型来对公司面临的财务风险进行预警分析，进而进行有效的管理和化解。财务诊断法有单变量分析和多变量分析。

（三）财务风险控制

根据风险识别和评价的结果，企业会从众多的财务风险控制策略中选择出最佳方案，以科学有效地抑制风险损失的发生或增加风险收益。财务风险控制包括财务风险决策和财务风险处理两个步骤。财务风险控制技术体系一般由多元化风险控制法、财务风险转移法、财务风险预防法、财务风险回避法和财务风险降低法等方法构成。

第一，多元化风险控制法。它是指企业通过多种经营及对外投资多元化等方式来分散财务风险的方法。该方法主要运用于产品生产、对外投资和业务结算。

第二，财务风险转移法。它是指企业通过某种手段将部分或全部财务风险转移给其他经济实体或个人承担的方法。转移风险的方式很多，主要有保险转移和非保险转移。企业应根据不同的风险采用不同的风险转移方式。在实务中，财务风险转移方法还有国际信贷工具、远期外汇交易、货币和利率互换等。

第三，财务风险预防法。它是指在财务活动中，企业积极采取防护性措施，以专门应对企业财务管理风险或专门处理风险可能引起的后果，降低其对公司财务的不良影响的方法。企业常见的财务风险预防方法有四种：建立赊销责任制度；设立财务风险准备金；与相关企业在风险业务发生前签订保护性契约条款；采取期权方式进行交易。

第四，财务风险回避法。它是指企业在进行财务决策时，应综合评价各种方案可能产生的财务风险，在保证财务管理目标的前提下，选择风险小的方案，以达到回避财务风险目的的方法。在有备选的情况下，企业应选择财务风险较小的项目或方式；在单一选择的情况下，企业只能做出接受或拒绝的选择。当然，采用风险回避法并不是说企业不能进行风险性投资。

第五，财务风险降低法。其措施有三种：一是通过支付一定的代价以减少风险损失出现的可能性，或降低损失程度；二是采取措施增强风险主体抵御风险损失的能力；三是通过制定有关管理制度和办法来减少损失出现的可能性。

四、财务风险管理的策略

财务风险管理的策略包括规避、布控、承受、转移和对抗等。

规避是风险对策中较为常用的一种方法，就是对财务风险采取消极躲闪、回避、放弃的态度，以降低或消除风险的侵害，减少或避免损失。规避策略操作简便易行、安全可靠，效果有保障。

布控是指有针对性地采取防范、保全和应急措施，对财务风险进行控制，最大限度地消除和减少风险可能带来的损失。这是一种主动、积极的风险管理方法，适用于财务风险发生之前或发生之时。

承受是指企业出于风险管理全局考虑所做出的局部牺牲。承受是风险管理中的一项被动措施，即由于对某项财务风险无法回避或想要达到盈利的目的而需要冒险，自愿承担风险及其后果。承受就意味着要发生实际经济损失，并由企业内部资财进行补偿。承受风险既有物质承受，也有心理承受；既包括主动承受，也包括被动承受。

转移是"共同下水"财务风险管理法。它的核心是采取各种办法将财务风险全部或部分地转嫁、推卸出去，使风险的承受者由一家企业变为多家企业，进而相对消除和减少企业的风险损失。转移最普遍和常见的方法是保险，通过保险将已辨识的财务风险予以承保，根据保险合同的规定，由被保险人缴纳一定数额的保险费用，当财务风险实际发生时，由保险人全部或部分地承担赔偿责任。

对抗是指针对财务风险主动出击，以破坏风险源或改变风险的作用方向，释放风险能量，减少财务风险对股份制企业生产经营活动的影响和损失，也就是从财务风险中"虎口脱险"。对抗的本质就是以风险对付风险，以风险抵消风险。对抗是财务风险策略中的一项强硬措施，具有较强的技术难度，其本身也有较大风险。如对抗措施失败，可能会遭受成倍的损失，但成功也将会得到较大盈利。采用对抗策略是有条件的，并非所有情形都适用。如当企业资本抵债、濒临破产时，为挽救企业生命，经营者常会不惜孤注一掷，设法再注入一批资金。而一旦此举失利，企业将雪上加霜；但若成功，企业便可重获新生、再创辉煌。

总之，企业财务风险在企业经营中是必然存在的，企业应根据自身的实际情况采用正确的风险管理方法，制订严格的控制计划，使风险降到最低，从而为企业创造最大的收益。

第二节　大数据背景下企业财务风险预警

在企业在发展过程中面临着十分严峻的竞争形势，如果财务工作在开展过程中缺乏对风险的关注，就很有可能出现财务风险，这对企业正常运营会产生极为不利的影响。进入大数据时代之后，借助大数据技术所提供的便利条件，企业财务会计人员能充分发挥技术优势做好财务分析，在此基础上开展预警活动，就能有效降低财务风险的发生。

一、大数据对企业财务风险预警的价值

（一）有效降低预警成本和提高预警工作效率

企业在经营和发展过程中财务风险来自各个方面，无论是日常的经营发展还是企业的融资活动，在相关业务开展过程中都会伴随风险。在当前企业竞争形势日趋激烈的背景之下，企业财务管理和决策活动开展过程中，对财务风险预警提出更高层次的要求，只有在充分把握问题的基础上，企业管理层在开展决策活动的过程中才能做出精准决策，以便明确未来的业务发展方向和发展重点，结合对各方面信息的分析与汇总提前做好风险预判。

在传统的分析与预警模式下，此项工作很难得到有效开展，但借助大数据技术的应用，能使企业财务人员在较短的时间内收集到相关信息，并在大数据技术的辅助之下做好全方位分析与预测，在此基础之上就能规避传统财务风险预警普遍存在的成本高和效率低下问题，为企业科学决策争取时间，使企业在发展过程中能占尽先机。

（二）有助于提升风险预警的精准性

尽管风险预警对于企业规避风险能起到重要作用，但按照传统的风险预警机制，想要精准做好风险预警面临着极大的难度。问题出现的原因在于，企业开展风险预警过程中选取的指标过于注重财务因素，对非财务因素缺乏应有的关注，在指标选择过程中还大多使用列举以及试错的方法。在这种背景之下，所选取的指标可能会因为存在一定的滞后性而导致影响预警结果。

在大数据技术背景下，企业在预警财务风险的过程中，可以将全样本作为数据分析与处理的基础，借助信息技术的辅助，从多个维度做好数据收集、分析与处理。由于借助大数据技术能实现高效率收集和处理，充分保证风险预警机制的及时性，因此大数据技术被有效应用于风险预警之后可提升风险预警的精准性，为企业未来的发展奠定更加坚实的基础。

二、大数据背景下企业财务风险预警机制的建立

进入大数据时代之后，企业需要充分认识财务风险预警的重要性，将常态预警和特殊预警有机结合起来，并将风险预警机制贯穿到企业发展的每一个环节，为企业重大决策提供依据，在此基础之上才能使风险预警充分发挥出功效。为更好地促进企业风险预警工作的开展，迫切需要结合以往财务风险预警存在的不足之处，从以下几个层面来建立预警机制才能使其发挥出更大价值。

（一）数据采集与处理

基于大数据技术所开展的企业财务风险预警，需要建立在精准的数据基础之上才能取得理想效果，这就意味着在数据采集与处理阶段，企业风险管理相关工作人员需要充分借助大数据技术，积极做好企业内外部数据的收集与处理，收集的范围不仅仅局限于财务数据，也要涉及行业发展数据，在此基础之上才能建立起内容全面的数据库，由此大数据技术才能充分发挥出自身优势对样本进行全面分析，为后续各项风险管理活动创造有利条件。企业财务管理人员要高度重视数据采集与处理阶段的工作，为大数据时代的财务风险预警工作的开展提供数据支持。

（二）风险分析

在借助大数据技术获取风险预警分析所需要的数据之后，就需要在风险分析的基础上做好风险判断和识别，此项工作在开展过程中侧重于对风险类别和程度的识别与分析，并在此基础上做出精准判断，这意味着在这一阶段的工作中，需要对数据库中存储的信息进行全面分析与处理，在分析与处理的过程中也要特别注意企业所在行业整体的发展现状，将宏观分析与微观分析有机结合起来做好风险识别。借助这种方法的有效应用，才能使企业在发展过程中避免遭受来自各方面的风险因素，为企业财务管理活动的稳步开展创造有利条件。在分析活动开展过程中要建立风险预警临界值，在分析活动开展的始终都要特别关注这一数据，一旦分析结果达到或超过了临界值，企业在开展决策活动的过程中，就要特别慎重，使企业充分借助大数据技术所提供的便利条件，建立支持向量模型与神经元模型，以便利用模型做好风险分析，为企业更好地决策创造有利条件。

支持向量模型，在具体应用的过程中侧重于构建最优平面，借助将相关数据带入模型中展开测算，通过得到的变量与企业财务风险指标进行匹配，在此基础上就能构建出多维空间。由于每一家企业都能成为这个多维空间中的一个组成部分，在空间中可以清晰直观地找到企业自身的位置，这对于企业更好地分析未来发展趋势能够发挥出重要作用。只要应用好该模型，寻找到有效的最优平面就能区分企业所面临的财务风险和未来的财务风险，为企业开展决策活动提供帮助，一旦借助模型发现企业存在财务风险就能借助模型进行预警。

神经元模型也是分析阶段所使用的一种主要模型，这种模型是充分借鉴人体神经质与神经网络传递的机制所构建的一种模型，一旦在分析过程中相关数据满足模型所设定的函数条件，就会使神经元被激活，在此基础上就能利用相关函数反馈出计算结果。将神经元模型充分应用到企业财务风险预警工作中后，企业可以充分结合自身在行业发展过程中的位置来设定最优平面，在此基础上建立分析函数，在分析过程中一旦函数值小于预定值，该神经元模型就会被激活，及时反馈出预警信号，为企业做好风险决策和应对创造有利条件。企业在制定好应对策略之后，可以充分将数据重新测算，这对于提升决策活动的精准性也能发挥出重要作用，所以企业财务管理人员在这一阶段需要特别注意不断加大应用力度，才能使财务风险预警工作取得理想效果，避免出现各类问题。

（三）出具预警报告

在大数据时代，企业借助大数据技术开展财务风险预警，分析的过程中系统可以结合分析的结果出具预警报告，在报告中会涉及对财务风险的预警分析以及对预警工作的建议，为了使这一阶段的工作能够取得理想效果，在应用大数据技术的过程中，需要特别注意报告内容的设计。报告内容一般分为三部分：

第一部分主要是对企业的财务与非财务数据进行结构化处理，在这一阶段所处理的数据包括行业信息等宏观经济数据，通过对相关数据的分析，这部分内容建议以表格的形式呈现，以便企业管理层和财务人员清晰直观地了解到相关信息。

第二部分主要侧重于对企业内部财务信息和风险进行分析与关联，这部分分析由于涉及企业自身的问题。为使分析内容更加详细，需要以文字的形式来呈现，以此来帮助企业财务人员和管理层，更加全面地了解企业真实的发展现状，以及未来可能会面临的风险。

第三部分主要侧重于对财务风险的预警，这部分的主要内容涵盖了未来可能会出现的风险类型以及等级，对可能导致风险产生的原因以及造成的损失进行全面分析，在此基础之上提出有针对性的建议。由于这一阶段所出具的预警报告，对企业财务管理和决策活动的开展能够发挥出重要的指导作用，所以企业对此必须要有充分认识，要以高度负责任的态度对待这一环节的工作，借助认真做好设计提升风险预警的精准性。

（四）预警结果进行评价和反馈

在大数据时代，企业财务风险预警机制要想充分发挥出理想效果，需要在相关技术应用的过程中认真做好分析和评价，在此基础上就能充分发现每一次预警结果以及建议措施在应用过程中是否取得理想效果，由此技术人员就能对系统设定进行优化和改进，借助对预定值的调整来提高预警机制的灵敏度，通过这种方法能持续不断对分析系统进行优化和改进，最终促使企业的财务风险预警机制和系统更具实用性。

三、大数据背景下企业财务风险预警机制的设计

在大数据时代，为了使企业财务风险预警工作能够取得理想效果，需要充分做好预警

机制的设计，在设计活动开展过程中，需要从以下层面来稳步开展各项设计，在此基础之上才能使预警机制充分发挥出最大功效。

（一） 对企业内部财务状况的分析机制

企业财务风险预警机制要想真正发挥出理想效果，需要对企业内部财务状况进行全面分析，这是财务风险预警的基础。为获得更加全面的数据，在风险预警机制设计过程中，要充分考虑企业在经营发展过程中的财务与非财务状况，这意味着企业要积极采取措施，从 ERP 系统和财务系统中提取关键数据与指标在此基础上展开测算，由此就能获取反映企业财务发展现状以及经营管理成果的各项信息，从企业的偿债能力、风险控制能力等各个层面对企业未来的发展状况进行分析，在此基础之上就能通过相关模型来计算出企业未来发展过程中潜在的危机，由此积极采取措施加以应对。

（二） 对行业风险的分析机制

行业风险指的是企业所属行业在未来发展过程中受内外部因素影响而出现的风险这类风险具有共性特点，与国家政策息息相关，一旦相关政策出现调整，就必然会对行业发展产生影响，所以在大数据时代企业财务风险预警机制设计过程中，要对行业风险的分析机制予以特别关注，在此基础之上，才能使相关风险得到有效控制。这意味着在机制设计的过程中要充分考虑行业集中度以及平均利润率和销售增长率等指标因素，充分借助大数据技术做好行业内企业的分析然后得出最佳值，以此来展开对比，才能使企业所建立的预警分析机制更具可行性。

（三） 对行业关联风险的分析机制

随着社会经济的不断发展，企业在发展过程中与行业上下游企业也会建立密切的关系，在此背景之下，行业产业链在发展过程中，任何一个环节所出现的风险都会传导到整个产业链所涉及的企业中。在传统的企业财务风险预警机制设计过程中，对行业关联风险缺乏有效关注，导致预警无法取得理想效果，在大数据时代企业财务风险预警活动开展过程中，要特别注意做好行业关联风险分析机制的设计，将上下游企业的财务数据和行业整体宏观发展情况充分融入机制之中，才能借助大数据技术获得更全面的样本数据并展开深入分析，由此判断出行业关联风险对企业财务风险的影响概率，进而做出更加精准的测算和判断。在当前要特别注意提高对供应链传导影响的关注力度，认真做好各环节的全面分析，在此基础上才能在财务危机出现时做出科学有效的应对。

（四） 对宏观经济的分析机制

宏观经济发展情况与企业发展息息相关，一旦国家宏观经济政策出现调整，就会给企业未来的发展带来诸多不确定性因素。为使企业建立的财务风险预警机制能发挥出更大作用，也需要对宏观经济分析予以特别关注，在此背景之下，需要充分发挥大数据技术的优势做好经济数据的采集与分析，并用翔实的文字来对数据进行解读，才能帮助企业更精准了解国家宏观经济政策。在充分了解政策的前提下做好风险识别，为未来发展设定出科学的规划，提升决策活动的精准性。

（五）常态预警与特殊预警机制

在大数据时代，企业财务风险预警分为常态预警和特殊预警，常态预警是指企业定期借助大数据技术对企业经营过程中的财务与非财务数据进行分析，从而判断日常财务管理过程中可能会存在的风险因素。对于企业而言，一般会由企业财务部门每日进行测算并利用相关系统生成报告供企业财务部门以及相关管理层参考。特殊预警，是指企业在面对突发状况或者进行某一项重大决策时有针对性地借助系统来展开风险预警分析，在这种背景之下所开展的预警分析与平时的预警分析有所不同。这就意味着企业需要建立常态预警与特殊预警两种机制，根据成本效益原则来做好相关指标的设计，使企业所构建出的分析系统能够充分发挥出最大功效。为使此项工作能够取得理想效果，企业在进行机制设计的过程中需要充分融入行业发展的平均指标，借助横向与纵向对比来展开测算，在此基础上就能更加直观明了地发现企业所存在的财务风险，并及时做好预警。同时，企业还须结合未来战略决策活动开展的需要，不断完善财务风险预警指标，结合企业未来战略发展的需要来设定预警值识别决策活动潜在的风险，借助对常态预警与特殊预警机制的不断完善和优化，使预警机制能充分发挥出最大功效。

总之，在大数据时代，企业在经营发展过程中会面临着严峻的行业竞争形势。在此背景之下，风险预警就显得尤为重要。大数据技术在风险预警机制中的应用从根本上改变了传统预警机制存在的效率低下问题，使企业借助技术的辅助获取海量信息展开全面分析，企业通过对内外部数据的分析和测算，精准预测未来发展过程中存在的风险。这意味着企业需要特别注意各环节的指标设计，充分做好风险考量，通过持续不断地优化与调整指标，使企业能建立起更加完善的财务风险预警机制，由此就能使企业财务风险预警工作取得理想效果。

第三节 大数据背景下企业财务风险识别与管控

数据经济时代，大数据给企业带来机遇的同时也提出了新的挑战。企业利用大数据技术能够有效提高财务管控水平，防范财务风险。但在大数据背景下，如果企业财务信息化水平落后、信息化技术利用不到位较以往更容易产生管理漏洞，造成财务风险，导致企业发展后劲不足。企业需要高度重视财务风险，做好财务风险防范工作，创建适应大数据时代发展的财务风险识别与管控机制，促进企业的可持续发展。

一、大数据对企业财务风险识别与管控的影响

信息获取渠道广泛、数据量大是大数据时代的重要特点，该特点对企业财务管理工作产生一系列的影响，尤其体现在财务风险识别与管控工作中。

（一）大数据对企业财务风险识别的影响

1. 大数据收集

企业财务风险识别工作是基于有效数据的基础上开展的。大数据背景下，企业被海量、冗杂的活动数据包围着，如何快速在海量数据中收集到对企业有效的财务信息就略显困难。企业面对各种渠道获得的数据，首先需要分析渠道的有效性，其次需要分析获取数据的精确度与相关性，最后需要获得关联方数据。这种关联性主要体现在财务与业务数据相关联，企业内部数据与外部数据相关联。可见，以上环节的大数据收集流程必然对企业财务风险识别工作提出更高的要求，导致财务风险识别工作量的增加。

2. 大数据处理

大数据处理是企业财务风险识别的重要环节，关系到后续大数据分析的准确性与可行性。大数据背景下，大数据处理技术不断完善，企业需要将大数据技术应用于现有的企业管理软件中，提高企业数据处理能力。通过大数据处理技术发现企业主体之间的关联关系，挖掘企业主体之间的未知联系，识别企业风险行为，从而对企业风险进行正确评估。注重大数据技术与企业现有信息系统的融合是企业财务风险识别工作首先需要解决的问题。

3. 大数据分析

大数据背景下的企业财务风险识别区别于企业传统的财务分析，它采用多维度的数据分析模式，经过精细化实时统计分析，注重过程分析，有效提高企业风险识别的效率效果，帮助企业积极预防财务风险，扩展了数据分析的应用场景。传统的企业财务分析主要集中于事后分析，通过企业报表反映企业的相应能力，数据分析结论应用场景体现在投资者、决策者等，该结论对于企业各运营部门应用价值并不高。而注重过程分析的实时大数据财务风险识别可以有效展示企业各运营阶段财务情况，该实时情况展示及大数据分析结论能够为企业各个运营环节提供数据参考，极大地扩展了数据分析的应用场景，提高了企

业风险识别与管控能力。

（二）大数据对企业财务风险管控的影响

1. 管控技术的改善

事务管控效率为先，技术为重。随着大数据技术的不断完善，可以应用于企业财务风险管控的各个环节，包括筹资风险识别与管控、投资风险识别与管控、经营风险识别与管控、现金流量风险识别与管控。大数据技术较传统的数据技术而言，在财务风险的预测与个性化决策等方面都有了很大改善。大数据技术将数据链与企业各阶段业务链紧密结合，实时分析与处理企业各种数据，提高企业数据应用价值。大数据技术与企业各个环节信息化技术相融合，助推了企业管控技术的不断改善。

2. 管控效率的提高

管控效率的提高体现在速度与质量两个方面。速度指企业风险识别与管控的反应力，质量体现在企业风险识别与管控的准确度。大数据背景下，信息技术不断提高，运算精度与信息加载速度日趋改进，能够做到实时深度剖析并出具参考决策。大数据背景下，对财务风险的评估不仅仅依据各项财务指标，而且将各种与之相联系的外部因素也纳入风险评估体系中，从而对企业财务风险进行全面评价，得出的风险评估结论更准确，更具针对性。

3. 管控流程的完善

准确预测财务风险的同时需要配备与之相适宜的风险管控流程，才能有效防范与降低财务风险，减少企业利益损失。大数据背景下，企业如何完善流程是财务管控工作的重点，将企业风险预警模型运用到企业各项活动中，为各部门提供有价值的参考信息。因此，企业需要重新设计管控流程，创建管控节点，将大数据分析数据实时反馈于流程中，形成管控循环网络，确保风险管控的实时有效性。

二、大数据背景下企业财务风险的识别

随着互联网的快速发展，信息技术的不断进步，越来越多的企业将业务扩展到网络中完成，实现了企业全流程业务信息化。互联网经营模式下，信息量大幅增加，无效信息充斥着企业，识别不清很容易造成企业风险加大，经营效率将受到影响。

（一）筹资风险的识别

企业财务管理的筹资环节风险主要体现在债务筹资和权益筹资的筹资渠道、筹资方

式、筹资途径等决策是否合理，以及是否综合考虑了大数据环境中的相关因素。大数据背景下企业不仅要从财务比值进行风险识别分析，还要对比大数据背景下不同渠道的筹资金额对筹资风险的影响，从而准确剖析风险产生的原因与危害程度。

企业筹资风险是不合理的资产负债结构造成的，不同行业的资产负债率有不同的标准。基于大数据技术，企业要先明确该行业的最佳资本结构，在分析行业最佳资本结构的基础上确定本企业合理的资产负债率。如果本单位资产负债率高于既定标准，则选择借款筹资形式更适合，但借款筹资容易对企业造成利息偿还压力，产生不能按期清偿债务的财务风险。此时，企业可以通过大数据采集信息，确定速动比值的适当范围，通过速动比值识别筹资时期的财务风险。

（二）投资风险的识别

投资风险产生于企业经营过程中，由于投资项目、规模选择不当或者投资周期预测有误等原因，造成企业无法收到预期收益或投资本金有损的情况。近年来，随着大数据应用效益的日趋提高，越来越多的企业愿意投资大数据项目应用在企业，通过大数据技术管控与分析投资流程与投资收益，降低企业投资风险，提高企业价值。

影响企业投资效益的因素有很多，包括企业所处的外部经营环境和企业本身的内在素质。企业所处的外部经营环境，主要指企业所在地的政治、经济及社会发展情况和相配套的服务设施建设等。当企业的外部经营环境较差时，信息沟通、原料供应、人力资源、生产秩序、产品销售等都将受到影响，企业投资会处于相对困难的境地，对公司投资效益造成不利的影响。企业的内在素质主要指企业领导者的素质与管理水平、企业的规模、产品的市场占有率及企业所拥有的资产数量、员工的工作热情和文化素养、生产装备的现代化程度、工艺水平和企业的外部形象等。这些因素中任何一项的变化，将直接影响企业产品的生产和销售，影响成本的增减，从而直接影响企业的投资效益。综上所述，影响企业投资效益的因素错综复杂，需要充分利用大数据技术获取相关数据并分析，才能有效识别企业投资风险。

（三）经营风险的识别

经营风险主要包括新产品研发环节的风险、采购环节的风险、生产环节的风险、库存不足的风险、应收账款发生坏账的风险、合同的风险等方面。由于企业在生产经营环节存在诸多影响因素，这些因素中很多是不由企业单方面决定的，需要收集各方信息综合考虑，因此，收集信息的能力与数据分析能力将直接影响企业的经营风险识别效果。大数据背景下，能够有效解决经营风险识别问题，在大量收集数据的前提下，利用大数据技术重组与分析有效信息，将提高识别工作的准确率。

（四）现金流量风险的识别

现金流是企业能否正常经营与顺利发展的决定因素，现金流会对企业各项活动产生影响，严重的甚至会影响企业生存。如果一家企业投资活动的现金流量长期为负值，表明企业一直在投资，需要应用大数据技术严格对投资风险进行识别。如果企业现金流量在一定区间内变化幅度较大，甚至出现负值，那么管理者需要考虑是否存在应收账款回收或库存积压等方面的风险。另外，这种不稳定性会对企业的可持续发展带来负面影响。企业现金流贯穿于生产经营的各个环节，现金流量风险识别尤为重要，在正确识别的基础上，企业开展的财务风险管控才有效率效果。

（五）利润表风险的识别

利润表是展示企业经营成果的报表，通过对收入、费用、利润的分析可以明确企业发展计划，判断营业收入、费用的合理性，通过大数据技术能够准确对企业收入、费用、利润进行趋势分析，以判断其收入、费用、利润趋势的稳定性，识别利润表项目是否存在财务风险。

三、基于大数据技术的企业财务风险管控新思路

企业不仅要正确进行财务风险识别，还需要对确定的财务风险进行管控，将大数据技术运用于财务风险管控过程中，建立基于大数据技术的企业财务风险管控新思路。

（一）建立健全企业内部控制环境

利用大数据技术在分析企业内外环境的基础上，建立健全企业内部控制环境是企业风险管控的首要工作。大数据时代，信息量巨大，企业内外环境比较复杂。面对激烈的竞争环境，企业需要通过大数据风险识别，透彻分析企业内外环境，在明确企业战略目标的基础上，建立健全企业内部控制环境，提升企业的财务风险管控能力。

1. 从信息化流程出发

建立健全企业内部控制环境可以从信息化流程出发，在业务流程中增设财务风险控制节点，风险高于设置值时进行提醒并由主管领导审批后才能进行下一阶段工作。办公信息化是企业提高工作效率的有效途径，也是优化企业内部控制的有效方式。将财务风险管控渗透于信息化流程，做到实时识别，事事管控，将能大幅度提高企业财务风险管控的效率。

2. 变更组织机构

基于大数据技术优化企业内部控制环境，首先需要成立风险管理部门，明确管理部门的职责，树立企业风险管理意识，提高企业各个职能部门的协作能力。其次，各个职能部门中尽量设置风险监督岗位或者指定专人从事相关工作，保证企业自上而下风险管控目标一致。

3. 优化财务管理模式

大数据时代是一个高效的时代，如果企业依旧沿用传统落后的财务管理模式，以人工手段收集财务信息，再对信息进行进一步的整理以及分析，那么势必影响企业的可持续发展。传统的财务管理模式用时长，精度低，制约着企业财务风险识别与管控的效率，短时间内对企业绩效造成影响，长期则影响企业的生存发展。可见，企业应优化财务管理工作模式，提高财务人员对大数据管理技术的运用能力，调整管理节点，建立良好的信息收集与沟通系统，发挥财务数据融合性特点，有效提高财务信息共享率。形成财务业务一体化的紧密信息网，促进企业健康发展。

（二） 建立健全企业大数据管控机制

1. 及时更新与整理数据

大数据时代，数据量巨大并且递增速度极快，企业要想在庞大的商业环境中促进自身的运营，需要做到数据的及时更新与整理，确保数据分析的有效性。在有效数据的前提下进行财务风险的识别与管控才能保证企业运营的效率，对于分析的数据需要及时更新与分类，将最新的数据应用于大数据分析中，才能有效预防财务数据的风险。

大数据能够对企业营商环境产生极大的影响，数据的有效性更是决定企业经营成效的保障。大数据最重要的特点在于它能够聚合闲散的信息，通过整合与深入挖掘寻找共同点。企业是否能利用大数据优势，对有效数据进一步挖掘，是企业能否适应大数据时代的关键所在。大数据能否及时更新是衡量数据有效与否的重要指标，在企业财务风险识别过程中应用有效的大数据是企业更好地适应大数据时代的突破口。

2. 加强数据安全管理

网络环境中，安全至关重要，企业需要格外注意数据安全管理，防止数据信息泄露对企业产生不利的影响。企业需要充分应用大数据技术，重视数据安全防护，实时全面排查数据漏洞，建立数据防护体系，提升数据库安全。大数据时代，数据价值即为企业价值，忽视数据安全会给企业带来严重的风险，甚至影响企业的生存发展。

数据规模越大，企业风险越大。企业每天产生各种各样的数据，绝大多数都涉及企业机密，其中包括企业交易信息、客户信息、位置定位、联系方式等，这些信息如果泄露，将会给企业造成巨大损失。

综上所述，基于大数据技术企业财务风险管控需要从多角度出发，不断提高企业风险防范意识，提升企业风险防范能力，以便及时发现企业财务风险并有效降低风险影响值，对企业的可持续发展起到保障作用。

第四节　大数据背景下企业财务风险防范

在全新的时代背景下，企业财务管理面对各式各样不同的风险，这些财务风险如果处理不当，很有可能会对企业发展带来非常负面的影响，甚至会打破企业的资金链，让企业难以生存和发展下去，想要有效地防控企业的经营管理中面对的问题，比如对风险防控不重视、员工的工作素养较差，首先要做到的就是对财务风险进行研究，改变以往财务风险控制效果差，企业经营管理质量无法满足企业发展需求的情况。

一、大数据背景下企业财务风险防范存在的疏漏

（一）缺乏对财务风险防范的控制

特别是在互联网时代下，互联网的飞速发展让很多企业的资金运转速度得到提升，企业的资金流水和转移加快，企业在资金运转时其周期逐步减小，这也给企业财务管理带来了更多的压力。在现代社会中，大部分的企业管理者都已经开始注重财务管理，认知财务管理的重要性，而部分企业已经设立了专门的财务风险控制部门，每一个企业财务管理者对于财务风险都有一定的认知，了解到日常的工作中，财务风险是不可避免的，但可以不断地减小和控制。为了避免财务风险一次又一次地出现，扩大给企业的经营管理带来的负面影响，有很多企业在日常的管理中都将管理的重点放在了财务风险的控制上，但是其财务风险预警仍旧不足，这是由于市场中的中小型企业在进行经营管理中，并不完全理解财务风险预警机制存在的目的是什么，甚至财务风险预警机制仅仅停留于表面，并没有深入每一个财务管理的项目中。企业管理人员对于风险防范不重视，没有定期更新风险防范的相关系统。在开展风险防范的过程中，仍旧选用最原始的风险管理方式，长此以往，不重视风险管理就会导致企业在经营管理过程中所面对的风险越来越大，甚至出现严重的亏空。

（二）工作人员的专业素养有待增强

财务风险预警控制体系在使用时却没有达到预期的理想状态。由于其缺乏系统性的财

务风险预警体系的支撑，目前就需要更多具有专业素养的工作人员，如果工作人员的专业素质较低，在日常工作时，其工作质量、工作效果就无法得到保证，甚至没有办法创建完善的财务风险预警体系，需要企业上下全体员工共同努力，由专业的人士负责专业的事情，整理数据、分析数据，通过大数据手段规避财务风险，提高财务风险的管理效果。

当前大部分企业缺乏专门的风险防控工作人员，工作的效益以及工作的质量均无法满足企业目前的发展需求。部分企业的工作人员其自身的专业技能较差，或者是其职业道德不佳，在工作中没有深入学习相关的理论知识，甚至出现了拒绝学习的现象，其工作的质量和效果均无法为企业发展做出贡献。企业在招聘的过程中同样存在很多问题，部分人力资源管理者招聘中过分注重学历却忽略了人员的专业能力、实践能力等，大多数企业的财务风险预警部门其工作的整体质量不佳更无法为企业发展做出贡献。

（三）财务风险控制方式不佳

有一些企业虽然建立了财务风险预警部门，但是其预警及财务风险预警体系的使用质量却相对较差，预警体系过于陈旧，需要由专门的工作人员进行负责，并且创新风险预警方式。财务风险预警部门需要采取正确的方式，正确的方式能够对整个部门带来正面影响，甚至能够帮助整个部门向前发展，然而，错误的财务风险预警方式则无法帮助企业提高发展的整体质量，甚至长此以往，还会给企业发展带来非常严重的负面影响，无法满足企业在现阶段的发展需求。

当前我国企业所面对的不仅仅是中国的市场环境，还有全球的市场环境，企业所面对的风险在急剧增加。然而仍旧有少部分企业对于风险的认知不足，在全球经济一体化时代中，企业所面对的市场风险在逐步增加，如果企业没有把握住行业发展的规律、消费者对于行业的态度、市场的发展方向，对产品的使用功能效果了解得不透彻，就给企业的经营管理带来了非常巨大的风险，不仅仅是财务风险，还有经营管理的风险，当前有些企业已经陷入财务危机中。部分企业出现了为了获取短期经济效益，而投资一些短期盈利的项目，企业缺乏长期的项目，在经营中出现了经营疲态、难以长久维持企业在市场中所占据的市场份额。比如说一些"网红"产品就出现了一时畅销，而后期滞销却十分严重的状况，企业资金也会过度沉淀。在日后资金周转过程中会带来非常大的困难，其财务风险也会一路飙升。为此，需要对这一种问题进行提前考量，一定要做好高效防范企业财务风险，对部分企业而言，资金沉淀也是一种相对较为正常的现象，但是资金在使用过程中，如果无法处于一种高效运转的状态，导致企业的营利性不佳，更无法为企业创造更多可观收益，这就需要改变传统财务风险预警方式过程中过于陈旧这一问题，难以增强企业风险预警能力也会导致企业整体工作效率不断降低。

二、大数据背景下企业财务风险防范的方式

（一）重视企业财务风险防范

随着时代不断向前发展，当前企业在经营管理过程中不能再使用传统的财务管理方式，这是由于大数据的出现给各企业的发展都带来了全新的方向，而企业在经营管理时也需要高度重视财务管理中的风险预警。以往有部分企业管理人员并没有在乎风险预警的重要性，同时也忽略了风险预警对于企业发展带来的正面影响，从某种角度上进行分析，风险预警直接关乎企业财务风险预警工作质量。企业管理层应该明确目前提升生产环境的安全性，有助于提高财务风险的控制能力，而加大对财务风险控制的重视程度，也能够让企业在日常运营中减少风险，提高运营的整体效果。以往正是由于企业对财务风险的不够重视，财务风险防范较低才会出现过度负债，长久的负债则会给企业带来非常难解决的财务危机。

为此，需要积极地营造财务风险控制体系，并且构建更为完善的管理机制，能够保障企业管理者在日常生活时，生产环境是安全的、平稳的，企业的发展速度能够稳步向前，企业在管理中既需要做好企业的销售工作，也需要对财务部门进行适当的管理与控制，确保企业内的工作人员、管理人员其自身的财务风险意识有所提高，只有企业内高层管理人员财务风险意识提高，企业内其他工作人员才能够高度重视财务风险。在当前要高度重视企业风险中的财务风险，其最根本的目的是上行下效，做好这一点，才能让所有的工作人员都融入财务风险预警工作中，积极地向财务风险预警部门提出自己的意见，并且全方位地配合财务风险预警部门日常工作，保证财务风险预警部门能够全方位地采集数据、分析数据，提高数据的使用效果。随时随地地将数据上报给企业管理者，做好上层管理人员监督、下层工作人员配合企业才能够切实地根据企业现阶段的发展现状，上下游行业的发展现状，为企业管理层提供更好的战略支持及也能够随时随地根据市场发展、企业发展、行业发展状况做出决定，防止由于财务风险带来的负面影响，尽可能地将每一个项目中的财务风险都降低到最低，为企业的良好发展保驾护航。

（二）大力提高工作人员的专业素养

大数据时代中，人员的综合素质可以说是重中之重，如果人员综合素质相对较差，企业就难以在当前的时代中占据一席之地，而科学技术的不断发展也要求理论知识的不断更新，企业应该尽可能地聘用专业素养以及职业道德素质较高的人才，既可以为企业财务风险预警部门创造更加良好的工作环境，为财务风险预警部门发展提供有力的帮助，同时也

能够带动其他工作人员进行学习，促使财务风险预警部门内能够形成竞争意识，每一个工作人员都在积极地学习全新的知识、全新的内容，财务风险预警部门的员工理论知识就会更加丰富，在实际实践中也能够敢于创新，勇于创新，提高财务风险预警部门的工作效果。而且现阶段大部分企业都拥有一支专门的财务风险预测团队，该团队的工作质量也直接关系到了财务风险预警部门的发展速度。为此，企业应该高度重视这一问题，定期对团队内的人员进行专业素质的考核，也可以开展内部工作人员的培养工作，对现有的财务人员进行系统性的培训，使得这些财务人员在大数据背景下能够灵活、有效地去处理好财务风险中常见的各式各样不同的问题，为解决财务风险贡献自己的力量。

在工作人员的培训过程中，要求企业管理者能够高度重视每一个工作人员的工作能力，仔细、认真地观察工作人员在日常工作时的工作方向，找到当前财务风险预警部门在开展工作时存在哪些困境与难题，为工作人员提供良好的、科学的解决方案，同时也能够帮助财务风险预警部门渡过难关。让财务风险预警部门能够始终展现出独有的积极性。与此同时，定期考核并不是为了帮助企业裁员，而是为了帮助所有的工作人员认知企业在不断发展，要求员工也在不断向前发展，如果员工自身的专业能力较差，无法为企业做出贡献时，其自然而然会被淘汰。企业需要的是新鲜的血液、需要的是能够为企业做出贡献的人。

人员招聘过程中，企业管理者还需要注重一点，就是如何衡量招聘人员自身的专业能力，很多企业内的人力资源部门在进行招聘时过度重视学历，认为学历就是第一选择，但是当前如果仅重视学历，不注重招聘人才的实践能力就会导致在日常的工作中，无法将理论知识转化成为实践能力，一定要注重理论与实践相融合，了解工作人员自身的实践能力，而不是一味地只会纸上谈兵。纸上谈兵不一定能够为企业发展带来正面影响，甚至有可能由于缺乏实践为企业发展带来了负面影响，在这一阶段就需要企业的人力资源工作者高度重视这一内容，尽可能地降低在人员招聘中由于招聘质量不佳而导致的企业财务风险预警部门工作效果无法得到提升。应该考核工作人员的实际工作能力让他们做到以企业为荣，以企业为自豪，愿意为企业付出更多的努力。

（三）积极改变传统的财务风险控制方式

随着大数据环境的不断改变，如果仍旧选择传统的企业财务风险预警机制就无法满足现阶段企业在发展时的发展需求。为此，需要改变传统的财务风险预警需要，在企业选择财务风险预警模式中，改变传统的风险预警模式，突破固有的标准束缚，能够根据大数据的环境以及企业的实际状况更新财务风险预警系统，企业更需要了解大数据时代下如何开展电脑记账法，如何开展电算化建设。依托互联网力量与数字化技术开展电脑记账法，用电脑记账法来代替传统的纸质记账法，这种方式既可以降低由于信息的输入错误，人工的疏忽而导致的信息不准确，同时也能让企业发展速度更快，有效地归纳好企业所有的财务信息，企业财务发展的过程和环节中，应做好数据的整合、数据的分析，并且定期检查数据库内的信息状况，保障数据库拥有更加全面的、真实的数据信息，企业如果想要顺利地开展财务风险预警工作，还需要考虑到的就是财务信息数据库以及核算信息的方式，使得其选择的数据库能够及时地对数据信息进行分析并且存储记录数据信息，让有需要的工作人员随时随地地进行信息的获取。防止由于信息的互通质量不佳而导致财务风险预测人员在实际工作时工作的效果无法满足现阶段企业在发展时的需求，否则长此以往会导致企业的发展质量无法得到提升，企业在经营管理时其管理的效果更无法满足企业现阶段的发展需求。

企业还需要加强预测的能力，建设良好的企业文化体系，企业文化也是当前在大数据时代下企业财务风险控制防范中的一部分。以往有部分企业管理者认为企业文化与企业财务风险控制毫无关联，但是这种想法是存在偏见的，企业文化是建立企业氛围的最重要一点，而良好的企业文化体系能够让所有的员工在企业工作中感受到企业的良好氛围，在工作时会更加认真努力，并且愿意主动提高自己的专业性，长此以往，良好的企业文化就能够为企业发展带来更加积极的影响。除此之外，企业文化建设质量的提升还能够让更多的工作人员感受到企业在不断进步，企业在发展时从来不是一成不变的，其实在努力向前，其发展的目标是提高核心竞争力，而不是在市场中一成不变而不断下滑。

企业想具备强大的活力还需要做好数据的收集和整理，保障数据在使用时能够在最短的时间内从数据库中提取，进行应用数据的过程中的快与准也直接影响到了企业的发展速度。为此，企业在目前应用数据时一定要时刻地收集数据，同时也需要对数据进行处理，这就意味着企业当前对于数据管理部门的要求更高，数据管理部门所需要承担的责任更大。在日常收集数据的过程中，一定要随时随地地对数据进行处理和管理，防止数据中存在着信息不准确等一系列的现象，导致企业想要再使用数据时，无法准确地判断出该数据是能否为企业的财务风险管理做出贡献，该数据又是否是真实的、有效的，在使用数据时，数据又能否帮助企业控制财务风险。企业在使用大数据时还需要减少外界带来的风险因素，特别是由于大数据时代，企业所面对的是复杂多变的外界环境，利用大数据具有优势的同时也具有一定的劣势。为此，需要合理地利用大数据减轻复杂多变的外界环境对于企业财务风险管理所带来的负面影响，特别是针对大额资金的使用，转移以及利用的过程中，一定要确保所有的数据信息的准确性，明确资金的来源、资金的去向，才能够合理地促使企业的发展速度越来越快，如果在资金的使用以及资金的转移过程中出现了遗漏或误差，则会降低企业财务风险管理的效果。为此，一定要避免外界因素带给企业的负面影响，促使企业的财务管理风险防范效果能够真正地得到提升。

综上所述，目前我国所处在的是大数据时代，企业所面对的经营管理风险越来越高。这就要求企业在开展财务管理时对于财务风险控制更加重视，应该及时地挖掘行业的市场现状，明确企业的发展方向、发展能力、消费者对企业的认知，及时地找到企业现阶段存在的问题进行改变，更应该选择工作素养高的人员，帮助提高企业目前的整体发展质量。

第五章 大数据在不同企业财务管理中的应用研究

第一节 大数据背景下建筑企业财务管理创新

大数据时代下，建筑企业财务管理人员需针对财务管理工作面临的机遇与挑战予以充分重视，解决实际问题，构建更加科学高效的信息化财务管理新模式，为加强建筑企业在项目开展过程中的资金使用质量和安全性起到重要的保障作用。

一、大数据背景下建筑企业财务管理迎来的机遇与挑战

（一）大数据背景下建筑企业财务管理迎来的机遇

在大数据时代的发展渗透过程中，对于建筑行业的企业财务管理工作会带来以下几个方面的重要机遇：

第一，能够为建筑行业的企业发展转型提供良好的技术环境，这主要体现在财务管理工作的转型发展能够更好地在施工项目的建设过程中提供科学准确的资金规划方案，从而有效针对建筑施工的各个环节进行资金效益的深度把控。而且在另一方面也能够针对企业的外部市场环境和相关风险进行综合评估，从而为保障外部环境的重要资金安全基础起到铺垫作用。在大数据技术的应用过程中，企业的财务管理岗位人员能够针对施工作业的发展过程进行跟踪监测，一方面保障正常的施工作业质量和稳定性；另一方面能够及时结合市场的变化和波动情况针对项目资源供应进行优化调整，最终为全面推动企业的项目发展产生深远的影响作用。

第二，大数据技术的有效应用能够帮助企业提升在市场竞争环境当中的核心竞争力，这主要体现在能够促进企业内部的财务管理质量，从而有效提升企业的流动资金和使用效率，同时也能够对资金周转的科学性起到促进作用。而在建筑行业的发展过程中流动资金

的充足和使用情况直接影响到施工现场的进度推进和事故安全问题，同时也能够为有效优化建筑企业在行业当中的口碑奠定重要基础。

第三，大数据时代下的企业财务管理新模式，能够针对企业的业务发展状况进行更加清晰准确的综合评估，这能帮助财务人员摆脱对施工项目财务信息掌握的局限，而且能够从财务资金的角度出发，针对企业的业务发展和信息整合工作进行全面优化。这样的发展过程不仅能为企业的业务部门提供更加多元化的资金指导，而且能够有效打通财务项目以及不同业务部门之间的沟通障碍。为企业的决策人员优化调整业务的发展方向产生深远影响，为保障业务的顺利落实提供数据监测方面的稳定支持。

（二）大数据背景下建筑企业财务管理面临的挑战

大数据时代的到来除了给建筑企业财务管理工作开展带来多方面的机遇之外，也在以下几个方面的管理问题上面临更多挑战。首先，企业在进行大数据技术的应用过程中，需要对财务信息进行更加深层次的整合与分析，不仅需要市场端和施工现场的信息内容进行综合分析，也需要结合相关法律法规和客户员工等信息数据进行综合比对，从而有效地在开展业务的过程中贴近市场客户与国家的经济发展的走向。但是这样的数据整合与应用要求与我国建筑行业的企业财务管理岗位素养能力产生了一定程度的距离，一些岗位人员往往将自身的工作侧重点集中在对收支数据的记录和阶段性的财务报表统计上。因此不仅对于市场和客户的相关信息有足够的敏感度和信息整合习惯，而且在应用大数据技术的相关功能方面也存在较大的提升空间。这样的实际情况无法在大数据时代下获得准确的财务综合信息，同时也对建筑企业的未来发展无法形成指导和帮助。

除此之外，目前建筑企业在财务管理岗位的定位和队伍构建方面仍然停留在传统的观念当中，这样的实际情况造成了财务管理的模式往往在技术层面针对资源分配和资金投入进行优化，但是对于大数据技术的应用质量和应用效率还存在较大的提升空间。这样的实际情况大大制约了建筑企业在信息化建设发展过程中的转型质量，而且也在另一方面削弱了大数据技术在财务管理模式创新过程中能够发挥的重要作用。

二、大数据背景下建筑企业财务管理的转型发展策略

（一）组建大数据财务人才队伍

为了全面加强大数据时代下建筑企业财务管理工作的转型发展质量，企业管理人员应当首先针对企业内部的财务人员团队进行扩充和优化，不仅能够针对内部员工的信息化大数据素养能力进行全面的培训和提升，而且需要引入外部的专业技术人员和团队进行合作

交流，从而加快大数据财务人才队伍的建设效率和质量。例如随着建筑行业步入大数据时代，财务管理团队不仅需要结合大数据技术建立数据分析模型，从而有效提升财务报告制作和优化的整体效率，同时能够对实时构建财务报表的现金流预测和管理能力进行全面提升。而且在另一方面管理人员也需要结合管理大数据信息的分析和挖掘有效加强信息的整合质量，从而在应用数据分析模型的过程中提升预测和评估的准确性与针对性。因此，企业管理人员只有加强人才规模的建设和发展才能够将大数据技术的核心作用进行集中发挥，从而更好地为加强财务资源的存储分配和决策起到重要的铺垫作用。

（二）建立财务管理信息化制度

建筑企业管理人员在大数据时代下转型财务管理的过程中，不应该仅仅针对财务管理的相关岗位和部门进行信息化建设，这样缺乏及内部统一的制度和合作交流媒介，同时会进一步增加内部管理和运营的相关成本。而是应该建立财务管理的信息化制度来优化企业内部的网络信息环境，这样能够更好地针对企业内部的信息化基础进行全面渗透，而且能够为优化外部环境的改变奠定重要基础。除此之外，管理人员在构建信息化制度的过程中，也需要重点关注建筑行业的发展趋势和国家的政策走向，通过参考重要门户网站的相关建设情况来进一步优化信息平台的使用。另外，财务管理信息化制度的构建和统一也能够减少建筑企业子公司和分部门出现的违规操作与资金风险问题，从而加强了总公司和决策岗位人员对于公司整体资金管控的效率。这样大大提升了企业内部的资金良性运转和安全性，而且能够通过更加健康的信息传递途径来加强数据的分析和决策质量。

随着外部监管日益严格，企业自身的发展需求和企业内部的管理产生了更大程度的矛盾，因此企业管理人员通过有效构建财务管理的信息化制度，不仅能够对国家出台的企业监管要求进行及时的信息披露，而且企业也能够随着财务管理的信息化制度建设和发展进行内部控制与业务拓展的转型发展。这样的发展优化过程能够帮助易企业实现对自身市场的深度挖掘，同时结合更加高效的信息化管理制度针对境外市场的开发和风险进行准确研判。

（三）构建动态财务查询系统

大数据时代下的建筑企业财务管理转型不仅需要能够为决策人员提供多元化的信息分析和处理作用，而且也应当确保小部门和岗位人员对于财务信息的查询与掌握。因此有效构建动态的财务查询系统不仅能够将财务信息进行分级处理，从而有效解决了企业内部运营管理的成本控制问题，而且能够为提升不同部门人员的工作质量和信息化建设起到重要的铺垫作用。值得注意的是，动态财务查询系统系统设计的过程中容易存在影响财务系统安全的相关漏洞，因此需要技术人员能够优化物理数据库的设计和分页显示的相关技术，从而有效降低系统运行的相关风险和实际问题。

（四）实行全面统一资金管理

建筑企业在发展过程中为了能够有效提升项目的开展质量和市场占有率，需要不断针对资金的运转效率进行提升，同时也需要加强在施工建设全过程中的资金监管和风险控制。而大数据技术的有效应用能够更好地统一资金管理的相关制度，不仅能够为财务管理岗位人员提升自身的工作效率起到重要的铺垫作用，而且在另一方面也能够快速提升资金结算速度和使用效率。除此之外，统一的资金管理模式也能够方便财务管理岗位人员，针对企业目前的资金存量充足性和融资渠道畅通性问题进行综合评估，并且针对各个部门的收支情况进行综合分析。这样加强了管理岗位人员对于各个部门绩效考核的针对性调整，而且能够为监测和控制各个部门的资金管控风险起到重要的促进作用。

总而言之，大数据时代对于建筑企业的财务管理工作产生了多方面的深刻影响，对财务管理的相关内容和模式提出了更高要求。因此相关建筑企业管理人员也需要有效顺应这样的时代发展趋势，不仅能够结合大数据时代的技术功能改变财务管理岗位人员的思维方式和工作习惯，而且也需要能够将转型发展的财务管理部门进行职能定位的调整，从而配合企业实现共同的发展和创新。让财务管理工作能为企业的经营管理和决策发展起到重要的指导作用，提升财务管理的综合能力和实际效率。

第二节　大数据背景下日化企业财务管理职能发展

一、大数据对日化企业财务管理职能产生的影响

随着大数据时代的到来，日化企业面临着前所未有的机遇和挑战。在这个背景下，财务管理职能作为企业核心职能之一，也需要不断地适应和发展。

（一）对日化企业财务信息的获取和处理的影响

传统上，日化企业的财务信息主要依靠手工记录和人工处理。这种方式存在信息不准确、处理效率低下等问题。而随着大数据技术的发展，企业可以通过数据采集、存储、处理和分析等环节，获取更加准确、全面的财务信息，从而更好地进行决策和规划。

首先，大数据技术能助力企业进行自动化财务信息处理。在成功搭建财务信息系统后，企业可以将各种财务数据进行整合和归类，实现自动化的数据处理和分析。企业可以

在大数据技术的辅助下，自动生成财务报表，并强化其准确性。

其次，大数据技术还可以帮助企业实现财务信息的智能化处理。例如，企业可以通过大数据技术实现销售预测、成本控制等方面的智能化处理，提高财务管理的效率和准确性。

（二）对日化企业财务决策的影响

首先，大数据技术能够对最终结果做出细致化处理，在深度分析具体数据后，快速发现其中风险，做出应对措施进行控制。企业可以通过大数据技术实现财务欺诈检测、信用风险评估等方面的预测和控制，提高财务风险管理的效果。

其次，大数据技术还可以帮助企业实现财务决策的优化和精细化。通过对财务数据进行分析和比较，企业可以找到最优的财务决策方案，并实现财务决策的精细化管理。企业可以通过大数据技术实现成本控制、资金管理等方面的优化和精细化，提高财务决策的效果和准确性。

二、大数据背景下日化企业财务管理职能的内涵特征

在大数据时代，财务管理职能需要与其他部门密切合作，共同推进企业数字化转型。在这个背景下，日化企业财务管理的内涵特征主要包括以下几个方面：

（一）更加注重数据化管理

在大数据背景下，日化企业财务管理需要更加注重数据化管理。在对大量的数据完成一系列处理后，能够较好地掌握企业的具体财务情况和经营情况，为企业的决策提供科学依据。同时，数据化管理能够提高财务信息的处理速度，提高工作效率和准确性。通过搭建数字系统，对财务数据做出更为科学的分析。企业可以通过大数据技术实现财务报表的自动生成和自动更新，提高财务信息的及时性和准确性。

（二）更加注重风险防控

大数据时代，风险管理成为企业管理的重要环节。日化企业财务管理需要注重风险防控，通过对财务数据的监控和分析，及时发现和解决潜在的风险问题。同时，还需要有相对稳定和体系化的风险管理，制定相应的风险管理策略和措施，确保企业的财务安全和稳定。

（三）更加注重智能化应用

在大数据背景下，日化企业财务管理需要更加注重智能化应用。在更为智能化的技术

下实现财务信息的自动化处理和分析，提高工作效率和准确性。同时，还可以通过智能化应用来优化企业的财务管理流程，降低成本和风险。通过对财务数据进行分析和挖掘，企业可以发现新的商业机会和市场趋势，并采取相应的策略进行创新和发展。企业可以通过大数据技术实现产品定价、市场推广等方面的创新和发展，提高企业的竞争力和市场地位。

（四）更加注重战略规划

日化企业财务管理需要更加注重战略规划。在大数据时代，企业需要结合市场实际情况，采取对应的财务战略和规划，以保证企业的长期发展和稳定。同时，还需要建立完善的财务指标体系，对企业的财务状况和经营情况进行全面评估与监控。通过建立财务信息共享平台，联合各个部门实现协同工作，提高企业的整体效率和协同能力。

三、大数据背景下日化企业财务管理职能的改进与优化

（一）建立数字化财务管理系统，实现财务信息的自动化处理与智能化分析

在大数据时代，日化企业需要加强对财务信息的自动化处理，以提高财务决策的准确性和效率。财务信息自动化处理可以帮助企业实现财务报表的自动生成和自动更新。

首先，通过建立数字化财务管理系统，让财务报表自动生成和更新。同时，企业还可以通过人工智能模型对财务数据进行分析和预测，从而更好地把握市场变化和企业发展趋势。

其次，企业需要加强数字化安全保障，防范财务风险。随着数字化转型的加速推进，企业可能出现的风险也随之增多，这就需要有相应的安全保障，具备信息安全管理体系，防范财务风险和信息泄露等。

（二）数据驱动决策，加强对财务数据的分析与挖掘

数据驱动决策可以帮助企业实现财务决策的科学化和精细化，提高决策的准确性和效率。

一方面，企业需要加强对财务数据的分析和挖掘。通过对财务数据进行分析和挖掘，企业可以及时发现潜在的财务风险，并采取相应的措施进行控制。

另一方面，企业需要加强对外部数据的获取和利用。除了内部财务数据，企业还需要关注外部数据的变化和趋势，以便更好地把握市场变化和企业发展趋势。例如，企业可以通过大数据技术实现市场调研、竞争分析等方面的数据获取和利用，提高财务决策的准确

性和效率。

（三）搭建财务信息共享平台，实现协同共享

在大数据时代，日化企业需要与其他部门协同工作，共同推进企业数字化转型。协同共享完成各个部门之间的信息和资源共享，提高工作效率。

首先，企业快速搭建起相应的资源共享平台，提高部门之间的工作效率和信息共享率。

其次，企业需要加强跨部门协同和沟通。在数字化转型的过程中，企业需要加强跨部门协同和沟通，共同推进企业的数字化和现代化转型，保持与时俱进。在企业内部搭建跨部门转型团队，实现不同部门之间的协同和沟通，共同推进数字化转型步伐。

（四）加强对财务数据的智能化分析

在大数据时代，日化企业需要加强对财务数据的智能化分析，以便更好地把握市场变化和企业发展趋势。智能化分析有益于优化企业数据处理的过程和分析环节。

首先，企业需要加强在分析环节上的智能化处理，借助 AI 智能模型完成数据预测，可以更好地把握市场变化和企业发展趋势。企业可以通过人工智能模型对销售数据进行分析和预测，找到最优的销售策略和方案。

其次，企业需要加强对财务数据的可视化分析。通过可视化分析工具，企业可以将财务数据转化为直观的图表和报告，帮助企业更好地理解和分析财务数据。企业可以通过可视化分析工具对财务报表进行可视化分析，找到潜在的财务问题和风险。

综上所述，大数据背景下日化企业财务管理职能的改进和优化主要包括财务信息自动化处理、数据驱动决策、协同共享和智能化分析。通过不断地适应和发展，企业可以更好地把握市场变化和企业发展趋势，提高企业的竞争力和市场地位。因此，日化企业需要积极探索新的发展模式和技术手段，不断推进财务管理职能的创新和发展。

第三节　大数据背景下电力企业财务管理困境及突破

大数据技术在近几年的发展中取得了令人瞩目的成就，在理解大数据智能内涵的同时，应从大数据智能对财务信息服务安全的标准和方法入手，在实践中予以检验。现代技术和外部环境共同驱动电力企业数字化转型发展，在大数据、人工智能、云计算、物联网和区块链等技术蓬勃发展的进程中，电力企业也面临着新的技术革命。对电力财务管理和业务运行中所存在的问题，电力企业应针对财务大数据转型发展进行有效的部署，成为大

数据发展的先驱者和引领者，提升财务管理综合效能。

一、大数据技术与电力企业财务管理创新

在数据时代，经济社会的发展需要依靠"数据"本身作为驱动力，数据不仅仅是对电力企业财务工作历史经验的重要总结，也对未来的电力企业财务管理工作起到重要的启迪作用，因此应建立完善的大数据中心，数据库中应包含基础财务数据、互动数据、计划数据及发展形态数据等多个模块功能。建立电力企业财务中心数据库主要目的是最大限度地对数据进行网络收集，不再依靠人工进行筛选，快速完成数据整合任务，因此还借助云计算等互联网工具功能，对各类数据进行挖掘、标记整合、对比，从而实现数据的整体性采集分析，可以为未来的电力企业财务管理工作进行预测，也为创新财务管理活动提供重要依据。在电力企业财务管理实践中，可以利用大数据的可预测性、可解释性、可处理性等方面的特点，将财务分析问题转化为操作问题，对信息数据等内容的合理管控与评估，构建完善的网络系统，可以提升财务管理效能。

二、大数据背景下电力企业财务管理的困境

（一）大数据财务管理流程亟待优化

电力企业财务大数据转型所面临的是服务模式的改变，其财务流程必然要发生改革。在这种情况下，要让大数据技术对企业财务管理体系做出应有的贡献，就必须强化财务流程的管控。财务流程主要体现在财务核算和管理没有形成一体化的趋势方面。在突出财务管理职能的过程中，大数据中心无法集中处理财务票据前端业务，具体的流程发生了变化，这种系统管理不到位的情况极易引发更大的风险。

此外，电力企业财务管理流程同样面临着新旧衔接的问题，传统的财务管理是各部门都有相应的财务分享职能，而部门间的操作方式也各不相同，新的财务模式可将这些问题收集、整理并解决，让财务管理变得更加灵活有效。如果电力企业财务管理规模效应没有达到预期要求，就会影响财务管理模式的大数据转型，制约大数据效能的发挥。

（二）缺乏专业化的大数据财务管理人才

在大数据背景下，电力财务工作要在收集和分析数据的基础上为企业发展模式提供有效的参考。新时期财务模式的发展需要依赖于传统财务工作内容的转变，所以依据信息化技术的新态势必须要确保专业人才的培养。电力企业常会出现职位重复的情况，对于此类岗位要予以合并，将更多的人员投放到财务管理中，转变思维方式与工作模式。但是，在

人才培养和专业人才聘用的过程中却发现，财务人员很难适应新的大数据工作模式，此外，电力企业的财务管理和评价机制可能存在缺陷，不能提高财务人员的工作积极性，尤其是在转型期不适应新的工作模式，自身专业素质不达标都会影响财务工作的质量与效率。

（三）财务数据安全管理水平有待提升

财务模式的转变需要依赖信息技术的发展。我国电力企业在引入大数据财务模式的情况下，必然要搭建相应的服务平台和服务中心。因此，相关的财务职能不再局限在财务会计业务上，比如数据分析、会计核算等项目需要在统一的财务平台上完成。这在一定程度上可以提高电力企业财务管理的效率，畅通财务信息共享的渠道。但是在新模式下也存在信息安全的隐患，财务共享模式为电力企业的财务管理活动提供了有效的参考和保障，要想确保信息不被泄露，就必须要调整财务管理模式，确保信息的安全性。但在实践的过程中，会发现财务信息面临着被泄密、被篡改的风险。

在这种情况下，如果财务人员有闪失，就会造成数据信息的外泄，导致系统崩溃或是性能下降，这对财务工作的进行有极大的威胁，也不利于财务风险报告的形成。

三、大数据背景下电力企业财务管理的发展趋势

（一）充分发挥大数据等技术的辅助作用

在大数据迅猛发展的背景下，电力企业可以进一步明确，在信息技术发展的进程中，电力企业该如何利用大数据的辅助手段提高财务管理的有效性。大数据信息技术和外部网络环境，能够共同促进企业的发展和转型。随着互联网、云计算、大数据、人工智能等技术的不断发展，电力也面临着新的转变机遇。这对于电力企业来说是一场技术转型，也是一次技术革命。只有深刻了解电力企业的行业特点，完善财务运营管理模式，才能真正实现电力企业财务的数据化转型，其目标主要体现在电力企业本身要确立具体的转型方案，并将转型目标落实到业务的各个方面，不断提高财务运作的效率，让企业能够在财务管理中获取更多的业务资讯，提高企业的管理力和洞察力。从不同维度入手，考察财务职能的转变，让大数据手段能够成为支撑企业发展的有效方式，创造更多的价值。

电力企业大数据转型可以分为三个阶段：第一个阶段是流程数据化阶段，第二个阶段是管理可视化阶段，第三个阶段是管理智能化阶段。从财务运行机制来看，只有真正落实大数据转型的具体流程和方案，才能够真正做好数据驱动，让电力企业财务管理获得新的发展。基于电力企业财务大数据转型的需要，应从财务共享、智能核算、智能税务、电子

档案等多个领域重点分析传统财务职能与新型财务职能的不同点，让企业财务管理工作的范围更加广泛，助推大数据技术发展。

(二) 建立高质量大数据人才队伍

在电力企业财务管理实践中，针对不同的发展阶段和应用领域，电力企业要重点把控企业财务管理的关键方面，将财务管理细则、财务管理的具体方案布置下去，以便能够实现财务数据化的发展转型。为了达到以上目标，电力企业还要利用财务数据中心基础，为财务管理的转型提供重要的支撑。值得关注的是，在转型的过程中，电力企业要做好组织人才和文化等方面的转型。以数据化和财务共享模式为发展的新方案，电力企业要改变传统的财务管理组织方式。在以往的财务管理中主要是以分散的模式进行核算的，而新时期应该以实现共享管理、创造新型价值为财务转型的落脚点。电力企业还要重视培养和招聘专业化的大数据专业人才，构建人才机制，优化人才结构，让更多的专业化人才走入岗位，确保电力企业转型的实现。

(三) 使用大数据提升财务管理效能

在大数据转型的过程中，电力企业会面临一定的问题，其关键在于要提高信息的传递效率，进一步整合资源。为此，电力企业要为财务流程的规范化提供有力的保障，并以此作为促进财务大数据转型的重要依托。为了强化财务管理的标准化流程，让财务管理能够促进企业的发展，为电力企业提供风向标似的信息和战略指导，大数据财务管理模式主要是以信息技术为基础的，电力企业需要搭建共享平台，将财务会计核算、绩效管理、流程管理等整合在一起，形成一体化的模式和体系，这种新的财务管理也可以由少量人员完成大量基础性的财务工作，财务部门的工作重心则可以转向为业务决策和战略性工作部署。基于此，大数据财务管理模式能够促进财务与电力企业经营内容的有效融合，促进财务管理与电力管理业务的互通性，进一步提升电力企业财务管理的效果。

(四) 利用大数据实现标准化管理目标

在电力企业财务管理过程中，不同部门和区域之间在对接业务、提交单据、审核结账时需要经过一系列的烦琐手续。但是，依托大数据管理平台，电力企业就可以按照新的标准流程推进财务管理的各项工作，细分财务项目，将报表、资金流动报税等具体工作分配给各级各类财务人员。统一规范财务岗位的工作要求，提高财务管理的标准化水平。大数据财务管理模式还能为企业的战略发展提供支撑。智能技术引领下的财务服务模式，已经成为时代发展的必然趋势。电力企业要在构建和强化财务管理新模式的过程中突出财务管理的发展职能，尤其是不能局限于基础性的财务管理工作，要优化财务的人力分配，整合财务资源，结合财务管理的具体情况做出重要决策。可见，大数据财务管理能够为业务发展提供支撑，实现电力企业发展战略的推进与改革。构建大数据财务管理模式还能实现企业对财务业务的监督和管控，有助于进一步降低财务管理风险。

四、大数据背景下优化电力企业财务管理的突破

（一）积极探索大数据转型，提升财务管理效能

在大数据与传统业务深度融合的背景下，为了激活电力企业财务管理工作，做好财务管理的新发展，电力企业需要实现大数据与传统财务管理工作的有效融合，主要体现在对于相关业务以及供应链管理等各个部分。在传统的财务管理体系中，电力企业业务与财务之间是相互分离的，财务部门只是起到了监督的作用，对于企业的发展无法产生积极的影响。

新时期，大数据财务体系必须要将业务嵌入新型管理系统之中，让企业实时监督管理业务的进程，并且从业务发展和企业经济效益角度出发，对电力企业各项工作进行指导，释放新技术的潜能，让企业发展得到有效的优化和改善。在传统的业务流程内，企业业务的相关数据会滞留在管理系统中，会计人员的核算工作需要与电力企业内部的财务人员对接，该模式无法提高财务管理人员的工作效率。在这样的框架限制中，企业各项业务的数据也会被财务体系的其他板块影响，对此，大数据财务体系很难发挥自己的作用，为了提高管理的有效性，让大数据信息技术能够在财务管理中发挥重要的作用，就要实现业务的融合，让财务人员在承担本职工作的同时了解电力企业的各类业务，以便能够发挥财务的具体职能，让财务管理工作能够为企业的发展提供方向性的指导。

（二）建立健全风险防控机制

在风险控制体系的建设上，首先要运用大数据来建设一个健全的信息化管理平台，并对其内部的进出信息数据实行权限的管理，要注意保证消息的安全和准确，减少来自外部的不利因素对消息的影响。在信息录入过程中，要加强对相关人员的监管，防止出现危险的信息混淆。其次，在各部门的工作人员方面，要实行实名注册的管理，每天都要做好注册登记工作，并对注册情况进行审核，加强对站台和员工的科学管理。在此基础上，对大数据系统中的软件、硬件设备进行经常性的检查、维修，以保证大数据系统的可持续运行，提高大数据系统的效率，加速发现有问题的项目，降低其出现率。

与电力企业的财务风险管理相关，在使用大数据的时候，必须要体现如下几个方面：要强化员工的风险控制意识，充分认识大数据在财务风险控制中的重要性，利用大数据技

术建立健全风险防控体系，结合电力企业的发展需要和内部结构。对与风险防范有关的问题进行科学规划，并将其列为日常管理的重要环节，优化公司财务管理。确定基本的财务管理制度，为电力企业的风险管理提供合理的建议，促进电力企业治理中内部控制的全面完善。当前，在电力企业中与会计有关的管理层必须充分地利用好自己的管理能力，对风险评估体系进行高度的贯彻，对风险的具体领域进行明确。

（三）有效发挥数据汇集优势，提高财务效能

在电力企业中，大数据驱动是实现电力企业财务大数据转型的重要依托，依靠新的管理模式和电子系统可以优化财务数据采集工作。相比于传统的财务管理工作，新的电子账务系统能够将原始凭据汇集成具体的业务信息，实现线上的抽查和审批。对这些财务票据进行电子影像化管理也是解决信息共享问题的重要手段。

在电力企业远程业务处理时，如果可以利用信息化财务平台，依托营销管理体系，就能保障原始凭证传递的安全性和及时性。在管理时，这种新的信息平台也能将业务的各项内容留存起来，以便日后的查阅。电力企业财务管理中经常要对数据信息进行统计和分析，那么只需将原始的票据从网络信息平台上调阅，就能快速完成相应的工作。在后续的线上审核中，电力企业财务人员也可以借助共享运营系统统一处理相关的业务。基于此，新的财务体系不仅能优化运营管理的具体模式，还能让各类电力财务信息连接到智能终端，被各个部门及时调取和应用，从而保障业务信息的完整性。大数据运行的基础在于要优化内部信息，让财务工作人员可以集中处理相关的数据。

在电力企业财务转型的过程中，需要依托信息技术进行会计核算和财务管理，优化财务经营的具体模式，让新系统能够为企业发展奠定基础。智能决策主要是以信息系统为辅助，实现财务管理的优化发展。同时，要关注的是如何运用大数据智能体系生成财务报告，并利用智能服务板块提高决策的有效性。在电力企业中构建财务管理数据库十分有必要，特别是对一些财务报告和管理报告的数据导入，应该依据数据分析的情况进行分类，做好财务工作的管理和监督。在实践中，电力企业要结合实际的情况对财务状况进行分析和判断，最终形成科学的决策。大数据智能决策的一个重要目的也是让智能财务体系发挥积极的作用。在共享运营过程中，财务管理部门需要对相关数据进行审核，进而生成财务报告。在通过内部审核后，还要对相关的信息进行分析和处理。为了确保信息的准确性和系统性，财务管理部门要将企业的业务板块整合在一起，重视风险防控，做好成本和资金管理。在这一系列工作中，信息数据平台能够为财务票据的管理和核算提供有效的帮助。

（四） 增强电力企业战略决策渗透

第一，建立完善的数据平台和数据仓库。电力企业需要建立一个统一的数据平台和数据仓库，将各个部门和业务系统的数据集中起来，以便进行全面的数据分析和挖掘。同时，需要对数据进行分类和标准化，以便更好地进行数据应用和决策支持。

第二，强化数据分析和挖掘能力。电力企业需要建立专业的数据分析和挖掘团队，培养专业的数据分析和挖掘人才，并引入先进的数据分析工具和技术，以便更好地分析和挖掘数据，为企业战略决策提供有力的支持。

第三，优化财务管理流程和制度。电力企业需要对现有的财务管理流程和制度进行优化，使其更符合大数据时代的需求。例如，可以引入基于数据分析的财务管理模型，建立更为科学和精细的财务管理制度。

第四，推进数字化转型。电力企业需要推进数字化转型，建立数字化运营和管理模式，加强数字化技术和工具的应用，以便更好地利用数据为企业提供支持和指导，提升企业的市场竞争力和经营效益。

（五） 加快财务管理的转型升级

财务管理分析人员要依据各种报告提供的资料，对本企业的运作状况加以分析和处理。在此基础上，通过对管理会计运行状况的分析，进一步对相关的信息进行分析，以便对公司进行有效的管理。与此同时，在公司内部，要将自己的优势充分地展现出来，在财务部门业务的管理中，要将公司的战略发展目标放在第一位，根据公司发展运营的实际需要，给予相应的数据支持。从而使管理者能够做出更好的选择和决策，为决策者制定今后的发展策略和部署，为公司的利润和价值的最大化提供更为切实可行的数据依据。

（六） 加强内部控制，建立完善的绩效考核机制

加强成本内部控制是电力企业防范财务风险、适应智能化财务管理的重要举措。然而，电力企业成本内部控制不完善的问题仍然存在。为此，电力企业必须根据实际情况建立健全的内部控制制度，加强绩效考核。具体而言，电力企业应当建立基于大数据时代的内部控制机制，创造适合大数据时代的内部控制环境。例如，完善固定资产使用管理制度、规范固定资产使用与报废的规章制度，特别是加强固定资产库存的动态管理，利用大数据技术提高固定资产的使用价值。另外，要加强绩效考核机制，营造全员参与的氛围。根据电力企业成本控制现状，企业必须重视生产环节的成本控制，并建立有针对性的绩效考核体系。例如，针对生产部门过于重视成本效益评估而忽视过程监督的问题，要采取有

效的方法和措施，为企业提供人力、物力、设备等资源，提高经营效率。电力企业应当在加强成本内部控制方面持续努力，以提高管理效率和增强风险防范能力。

（七）打造专业人才梯队，更好地适应财务工作发展

电力企业财务人员的职业技能和专业素养决定着大数据技术应用的效果。在实践中，要强化对财务专业人才的培养。专业人才既要在技术和能力上符合评估工作的要求，同时还应积极开展专业化的培养工程，制定并实施相关的管理政策。只有在加大培养力度上做足功夫，才能真正实现人才推动的价值。基于此，在电力企业财务体系转型的过程中，财务管理人员必须要提升自己的专业化水平，用积极的态度和专业的技能确保财务部门各项工作的顺利运行。同时，财务人员还要提高自己的信息化应用水平，主动学习信息平台的操作方式，以便更好地适应数智化财务体系。在工作中，财务人员也要能够针对具体的情况，调整具体的管理办法，在信息系统出现问题时，财务人员应以自己的专业态度应对和解决问题，确保财务管理各项工作能够得到有效开展。

综上所述，在大数据快速发展的背景下，对于电力企业财务工作的信息化模型构建，要从财务工作的信息化水平入手，结合电力发展的外部环境，不断构建完善的财务管理体系。除此之外，还要针对专业人员强化财务大数据管理培训。基于此，大数据融合是促进电力企业的发展、实现电力企业财务智能化转型的关键，其重点在于要优化财务管理运营模式，利用财务信息助力企业发展，让企业的经济效益达到最大化，实现高质量发展目标。

第四节　大数据背景下制造企业财务信息化建设思考

信息技术在进入 21 世纪之后的飞速发展影响到了各行各业，其中制造业也受到了影响，使其从过去的机器导向模式转向以信息和系统为主的导向模式发展，通过将信息技术不断融入制造业中，促进传统制造业升级更新到智能制造业，使制造业的生产效率得到大幅度的提升。

在现代市场经济中，企业要想在竞争激烈的市场中生存和发展，除了不断提升产品和服务的质量外，还需要具备一定的信息化水平。信息化水平可以作为企业竞争力的重要方面，是企业赖以生存和发展的重要保障。然而，在实际经营中，出于各种原因，许多企业常常忽视信息化水平的提升，导致企业发展受到限制。如何提升企业的信息化水平，现已成为企业实现可持续发展的重要问题。

一、制造企业财务信息化建设的背景及重要性

（一）制造企业财务信息化建设的背景分析

大数据领域新的技术在不断涌现和更新，大数据技术为数据获取、存取、分析提供了便捷的途径，使传统的表格数据变得动态可视易读易懂，为许多行业的经济活动提供依据以及提高企业运行效率。随着网络应用不断深入，大数据技术和信息技术进入新的发展阶段，被应用到第一产业、第二产业以及第三产业中，发挥了重要的作用，例如，2022 年火遍全球的由 OpenAI 研发的聊天机器人 ChatGPT 就是人工智能技术+大数据技术+信息技术的结晶。随着大数据技术和信息技术的发展，我国传统制造业正在向现代化智能制造业转变。

（二）信息化对制造业发展的重要性表现

大数据技术结合信息技术给许多行业的发展带来了便利，许多制造企业也开始利用这些新技术来优化自身生产流程，提高生产工艺水平，等等。但从实践来看，制造企业对大数据技术的应用还是比较浅显，一些明显的短板和不足还表现在财务信息化管理中。在此情况下制造企业为了能够获得持续的发展，为了能够更好地契合金融管理转型的发展要求和趋势，最终使制造企业能够获得更好的发展前景，达到创造更大经济效益的目的，就需要在大数据的恰当运用上不断创新和优化，同时促使传统制造企业在财务处理方面加快信息化进程，提高财务管理工作的效率，使企业的财务管理水平达到一个全新的高度，为企业的整体效益的提升创造有利条件。

（三）制造企业财务信息化的时代意义

一方面，制造企业的信息变现能力和整合能力有限，通过财务信息化建设可以让制造企业及时准确地掌握信息，将财务信息快速有效地传递到各个相关部门，解决由于个人或部门因素导致的信息传递迟缓的问题，使财务信息得到及时有效的反馈，使各部门之间缺乏沟通机制、沟通渠道不畅的问题得到最大程度的降低。对于制造企业来说，采购部门与其他部门良好的信息沟通，可以让采购人员在实际生产过程中，通过其他部门的信息反馈，得出各种原材料对生产过程的不同影响，进而制订出严格合理的生产方案。

另一方面，信息化能够改善提高制造企业财务管理水平。财务管理信息化建设完成后，信息系统可以帮助财务人员对制造企业每天产生的庞大繁杂的财务信息进行整理归纳，既避免了财务信息滞后、信息传递偏差等人为因素造成的问题，又为财务人员节省了

大量的精力和时间，使制造企业的人力成本得到有效降低。从而使财务人员全身心地投入理财工作中，如理财规划、财务预算等长期被忽视的管理工作中去。真实可靠的财务信息是财务管理的坚实支撑，基于公司事实而推出的财务管理措施，有利于强化企业的经济核算能力，为企业后续的财务指标分析和战略管理决策提供可靠的信息基础，能够有效降低制造企业的经营成本，分清各个生产车间的内部经济责任。

二、传统制造企业财务信息化建设存在的主要问题

传统的制造企业在进行财务信息化建设时主要存在以下几项问题：

（一）缺乏财务信息化意识

近年来，制造业面临的市场竞争随着新兴产业的发展而愈加激烈，制造企业的生产经营利润空间在不断缩小，同时，商品成本及人力成本也在上升，企业面临着转型升级，在这样的情况下，制造企业往往会把注意力更多地集中在能够最大限度、最快速地获取利润的业务拓展活动上，而对于价值回报期较长的财务信息化工作，往往重视程度不够。另外，企业的高层管理人员基本上都是专业的管理型人才，对财务管理信息化建设这类新兴的管理理念认知较为片面，再加上企业受传统管理理念的影响，将财务管理相关的工作全部交付给财务部门，缺乏其他部门的参与，降低的实用性以及加大了财务工作量，造成工作效率的降低。

（二）信息化技术使用停留于表面不够深入

财务信息化的关键是把信息技术融入财务工作中去，是一种全方位的融入而不是像会计电算化那样单一的会计账务处理，将信息技术与财务管理相结合，充分发挥各自优势。但是，目前相当多的制造企业，在没有形成系统管理体系的情况下，简单地会把信息管理技术当作一种系统替换的简单手段，造成制造企业在建设信息化时呈现条块分割的状态。

此外，还有一些制造企业已经认识到了财务管理信息化的作用和价值，企业也开始投入了一定的资源，但方向主要集中在系统功能的优化上，企业内部各系统之间的编码原则、核算口径等还没有统一，企业内部信息共享不能做到实时，即业务数据和财务数据不能实时共享，企业内部各系统之间的编码原则和核算口径不统一造成企业财务管理与业务活动相互割裂运行，管理者无法及时掌握业务经营的实际情况，信息化带来的便捷性未能充分体现，企业财务管理职能作用仍停留在传统核算上，难以有效参与企业决策，无法从财务角度为企业的业务发展提供服务。

（三）缺乏相关专业技术人才

目前，制造企业信息化技术建设，主要应用到业务及财务上，而这两者对相关专业人才要求较高，已经不是普通销售和财务人员能够胜任的，现在需要的专业人才是除了要有较强的财务知识还要有一定的信息网络知识以及一定的管理能力的综合性高素质人才，需要参与到企业财务信息化建设中，处理有关数据，为领导决策提供依据。在传统制造业中专业的财务人员并不少，但是一般他们的计算机网络相关知识比较欠缺，大部分都是基层财务人员。

三、大数据制造企业财务信息化建设的加强建议

（一）提高制造企业管理层对信息化的重视程度

提高制造企业管理层对信息化的重视程度，可以从企业外部和内部出发。政府部门可以出台政策鼓励，促进企业多开展财务信息化的实践应用，通过推广财务信息化的应用价值，帮助企业理解信息化的作用。企业管理层要提高对财务信息化的重视程度，全方位推广信息化，打造业财融合的高质量制造企业。同时，为了加强制造企业财务信息化建设的质量，企业应当全面分析财务信息化内容，认清企业推行信息化建设的意义以及价值，地方财政部门可以定期开展制造企业交流会，请成功的财务信息化制造企业作为案例分享，使越来越多的企业认识到财务信息化的必然性。

（二）深入应用信息技术，积极完善管理体系

现在许多制造企业还没有自己统一的财务信息化平台，特别是一些传统的制造企业，在这种情况下，企业应该在原有的会计电算化的基础上深入应用信息技术和大数据技术将目光汇聚到构建企业财务信息共享平台这个层面上。

首先，制造企业要结合企业自身的实际经营特点、业务流程等，及时引进先进的财务管理系统，优化系统的程序、模块和流程。在此基础上，联结企业 OA、ERP 等其他系统，统一数据编码原则、口径等，将所有活动统一置于构建的共享平台上，为企业提供全面、及时、准确的各项数据支持，从而实现经营业务、财务数据的实时共享。

其次，通过完善财务信息化建设体系，规范企业财务管理工作，各职能部门系统联动，将各分支机构的财务信息集中到统一的信息化平台上，使信息化管理覆盖到整个企业的经营活动中，从而提高决策效率，提高决策质量。

（三）提高企业自身的财务分析能力

企业需要建立完善的财务分析体系，能够对财务数据进行准确、全面的分析，了解企

业的财务状况和财务风险，为企业的决策提供依据。信息化建设水平的提升需要建立在对企业财务情况的全面了解和深入分析的基础上。因此，拥有一定的财务分析能力是非常必要的。企业需要了解自己的财务状况和竞争对手的财务状况，对比分析两者之间的差距和优劣势，以便制定出更加具有竞争力的财务策略。

（四）加大对财务信息化人才的培养力度

制造企业在进行信息化建设过程中，要重视对财务信息化人才的培养，以提高企业信息化的效率。

首先，可以通过成立信息化部门，针对不同层次职工对信息化工作的需求，有针对性地开展培训，使财务信息化人才提高财务知识储备，掌握会计学、财务管理、税务等相关领域的基本理论和知识。这是进行财务信息化财务分析的基础，只有掌握了基本财务知识，才能够更加深入地分析企业的财务状况。

其次，熟练掌握财务报表分析技巧。财务报表是企业财务状况的主要体现，要了解企业的财务状况，就需要对财务报表进行分析。现在多数财务报表都可以通过财务软件自动生成，但是对财务报表的分析能力要求变高，需要掌握的分析技巧包括财务比值分析、财务趋势分析、财务预测分析等。

最后，掌握包括预算管理、成本控制、资本预算、投资评估等方面的知识技能，根据自身的财务状况和市场环境，制定出科学合理的财务策略，这些工具和技术可以帮助企业更加有效地管理财务。

总之，信息化建设是复杂的系统工程，而财务信息化建设涉及企业的经营活动。当前大部分的传统制造企业都已经或正在进行财务信息化建设，不断投入资源建设财务共享中心，但从实际情况来看，许多制造企业的财务信息化一直都是在系统革新阶段，为了发展仍存在较大难度，这是目前制造企业需要重视和解决的问题。财务信息化是大势所趋，大数据技术和信息技术的融入使企业可以直观实时地了解到企业的各项财务数据，从而了解到企业的实际经营情况，不仅有利于企业自身进行战略规划，还可以积极促进投资者的加入。

第六章 大数据背景下企业财务管理的创新研究

第一节　大数据平台下企业精益化财务管理

随着科学技术的发展，人们又多了一种新的概念——大数据，它也成为当前最受关注的问题，也给公司的财务环境带来了巨大的变化。在科技飞速发展的今天，我们的社会、经济和城市化进程都在飞速发展，各个行业都快速发展，而在这个过程中，公司间的竞争越来越激烈。在如今的大数据时代，信息的传播速度已经很快了，以前的财务管理模式已经越来越落后了，为了在激烈的市场竞争中生存，企业要改变其自身的财务管理模式。在大数据时代，财务管理应该怎样转变，怎样进行创新，才能使企业的财务管理更加符合时代发展，为公司的发展提供有力的保障。

一、认识到财务管理信息化和大数据的作用

企业需要增强意识，在企业发展过程中着重强调大数据与资讯科技在财务上的重要作用，这是一种战略上的支持。近几年，大数据与资讯系统成为企业财务管理的重要工具，其对客户的价值和对公司发展的战略性贡献。可以说，大数据对于企业的发展是必不可少的。随着信息化进程的加快，企业的财务管理需要实现大数据的应用，使其真正"活"起来，建立数据思维，提高其使用效率。同时，运用大数据及其他科技手段建立金融资讯平台，可以更好地收集和分析数据，使各部门数据相互连接，使财务管理更好地履行自己的职能，为公司的发展提供有效的支持。

在大数据时代，为了使企业更好地发挥财务人才的作用，发掘其价值，提高其工作的可操作性，企业可以在有限的范围内对其进行适当的调整，并根据工作内容、职责范围等进行合理的调整，确保企业在竞争日趋激烈的情况下，能够得到持续的发展。首先，可以在企业财务管理中增加相应的职能，从而完善和优化财务管理的内部机构。例如，设立一

个专门的数据管理机构，及时地处理企业经营过程中的财务和非财务信息。其次，要有专门的财务分析人员。与之相比，传统的财务管理人员已不能满足新时代的经济发展需要，尤其是在数据收集、分析、处理方面，更是难上加难。所以，如果财务经理的工作能力受到限制，那么公司就可以为他们提供数据分析师，而数据分析师不但可以帮助他们解决目前的问题，还可以掌握统计学、数据处理、分析等技术，这样才能更好挖掘企业的财务状况，为公司的发展提供更多的数据支撑和借鉴。企业在设计财务管理制度时，必须充分考虑自身的实际发展水平，包括具体的经营模式、未来的发展规划等，通过深入研究和了解当前和未来的经济发展状况以及一定时期内市场可能发生的变化，避免设计出不反映市场经济实际趋势的财务管理制度，阻碍企业的发展。因此，企业必须组织有关人员组建一个内部的金融机构，并按照公司的发展和现实需求，将其划分成不同的部门，并将他们的职责和权利划分成不同的部门，这样才能避免公司的财务问题。

二、利用新技术做好财务信息安全管理

（一）利用端端数据加密技术

端端数据加密技术是一种常用的数据加密技术，该技术采用专用密码技术来保护网络中的数据和信息。将端端数据加密技术应用到计算机网络中，能有效地改善数据的安全。另外，由于端端数据的加密技术要求在网络上设置独立的数据传输路径，所以即使有一条线路发生了故障，也不会对其他数据包的安全造成任何影响，利用这种数据加密技术，可以使数据的安全性得到提高。

（二）利用数字签名认证技术

随着信息技术的飞速发展，数字签名技术也逐渐进入人们的日常工作和生活中。通过数字签名验证技术，可以有效地识别用户的身份，防止信息被窃取和泄露，从而增强了网络的安全。目前这种技术分为密码和数字身份验证，前者比后者便宜，后者更容易使用。

（三）利用节点数据加密技术

在计算机网络安全中，采用了节点加密技术，在数据传输过程中采用了加密的数据传输线，可以进一步增强信息传送的安全，增强网络系统的安全性能。另外，节点数据加密技术在实际应用中也有其不足之处，即信息的发送者和接受者必须采用明文进行通信，这样的通信方式很可能会受到外部环境的干扰，因而其安全性也比较高。

（四）利用密码密钥数据技术

在目前的数据加密技术中，虽然有三种不同的服务方式，而且在网络结构和技术上也

有很大的不同，但是数据加密技术提供商往往会把自己的产品提供给用户。无论数据加密技术的业务模式和体系结构等方面的不同，都会产生相应的安全技术缺陷，所以必须加大对其的使用力度，以进一步增强其安全性。

三、加强对企业财务风险问题的防范

在运用大数据的过程中，既要重视管理方法的创新，又要重视对财务风险的预防，认识到财务风险的重要性，提高管理的及时性。加强相关的预警体系建设和完善，主动学习与数据挖掘技术及预测相关的知识，并对当前企业的发展机会及现状做出评价。只有这样，我们才能对投资风险进行有效的预测，实现对企业财务决策的有效管理，提高企业的安全控制能力。在防范财务风险时，公司还必须了解与其合作伙伴的背景、当前的资金发展情况、偿债能力等，这样才能降低公司的财务风险。企业可以把大数据和云计算结合起来，可以有效地识别财务风险，通过对数据合作伙伴的风险进行分析，有助于企业更好地认识到财务风险，从而更好地防范风险。

综上所述，企业领导应该更多地利用大数据技术和平台，我们要充分认识到财务管理中的大数据技术。同时，应明确大数据对企业财务管理的价值和效益，引入大数据资产概念，推动财务管理的发展。随着大数据的发展，结合大数据技术提高财务管理质量是真正加强企业发展的途径，通过强化金融风险问题的预防，可以有效地提升企业的经营质量，有效地解决各类风险问题，强化财务评价指标的优化，从多个角度进行综合集成，从而提升企业的工作效率和水平。

第二节　大数据背景下企业财务共享中心建设

一、财务共享中心的基本认识

世界上第一个财务共享服务中心是美国福特公司在 1981 年创立的。福特公司是大型的跨国集团，有许多的跨国业务，在经营管理中存在一定的财务管控风险，需要采用更为有效且集中的财务管理手段，由此，财务共享中心应运而生。在我国，财务共享中心的起步和应用都比较晚，企业对财务共享中心的架构方式、模块应用等缺乏认知，因此需要更为深入地进行探索和实践。

财务共享与传统财务管理存在较大区别，传统的财务管理模式具有分散化的特征，财务资金全流程监管、业务协同等方面的工作较为复杂，而财务共享充分体现了现代化的财务管理理念，实现了财务集中化发展。在该种发展模式下，企业能够实现从人员到组织，以及从流程到系统全方位的再造与升级。企业在实际开发和应用财务共享模式时，一般都会先建设相应的财务共享中心。财务共享中心可将企业财务工作流程集中在特定的场所和平台，统一处理一些重复性、标准化且交易量大的业务，如费用报销、应收应付、基础性核算、财务报表等，从而解决企业在传统财务管理模式下存在的业务流程重复化、效率不高等问题，降低企业的生产成本。现如今，随着信息科技日新月异的发展，财务共享中心的功能也逐渐多元化，并且其独立性也越发凸显，越来越多的企业开始将其打造成为独立的财务服务机构。

二、大数据背景下企业财务共享中心建设的必要性

随着企业业务范围拓宽、分公司子公司数量增多，其管理层级更为复杂，业务管理链条不断延长，相应的财务、业务信息数据更为繁杂。传统的财务管理模式存在信息反馈和指令传递不畅的问题，企业总部难以及时全面地获取各分公司、子公司的业财信息和有关数据，从而影响企业整体的风险把控能力和资源配置水平。除此之外，传统的财务管理模式存在比较严重的信息孤岛问题，企业的业务和财务系统之间存在一定的壁垒，数据标准不统一、不完善，财务系统和业务系统之间难以实现信息共享和互联互通，这使得下属单位及分公司在进行会计信息汇总和上报时存在碎片化、重复性、信息不对称等情况。

在上述背景下，企业纷纷开始进行财务共享模式的探索。大数据技术的成熟发展为财务共享模式应用提供了必要的技术支撑，而要想实现财务共享，建立财务共享中心是关键。财务共享中心能够为企业提供统一的财务核算、会计记录、资金管理、资金核查等服务，提升企业财务管理的高效化、集成化、标准化、规范化水平。企业建立以大数据技术为依托的财务共享中心，能够实现数据集成处理、数据高效分析及数据互联互通，使业财数据更加透明，提高企业的财务风险预测能力。因此，建设财务共享中心是企业实现业财数据集中统一管理的有效举措。

三、财务共享中心在企业中的应用价值体现

(一) 有助于降低企业运营成本

企业通过建设财务共享中心，可实现财务共享发展，促进企业内部各部门之间的财务信息相互传输与共享，进而降低运营成本。随着发展规模的扩大，企业在进行运营管理时

需要更多的财务人员支持，如果仍旧采用传统管理方式，一家子公司或者一项独立的业务至少要招聘两名专业会计从事相应的财务核算工作，那么50家子公司、上百项业务则需要设置近百个会计岗位，并且工作内容也大多是基础核算类的工作，存在较大的重复性。而基于财务共享中心，可以将会计核算这一类重复性、可操作性较强的工作全部纳入大数据应用场景中，通过建立标准化流程，直接实现大数据统计和审核。这样不仅能够极大地提升企业财务管理的效率，同时还能够减少财务会计招聘的数量，促进财务会计向管理会计转化，在节约企业运营成本的同时又能精简企业的会计人员结构。

（二）提高企业财务风险防控能力

财务共享中心的建设能够提高企业防控财务风险的能力，促进企业健康稳定发展。

第一，基于财务共享中心的科学运用，企业能够实现对财务工作相关内容的集中管控，也能够建立更加规范的财务制度，从而方便财务部门开展各项工作，并加强企业对财务工作流程的监督与管控，进而降低财务风险。

第二，对于各下属公司来说，该种发展模式相当于其将基础财务职能外包，既能够减轻财务人员的工作负担，又能够促使其将更多的资源投入风险控制工作中，进而提升财务管理水平。

第三，随着业务范围向海外拓展，企业在参与国际经贸合作时，容易受到国际政策、国际市场、国际金融等风险因素的影响。财务共享中心则可以通过监测企业内部各项财务数据，分析经贸合作中潜在的各类风险，帮助企业制定风险防范策略，从而极大地提升企业的风险防范能力。

四、大数据背景下企业建设财务共享中心的基本要求

（一）夯实组织管理的基础

企业要想更好地建设财务共享中心，必须强化组织基础。财务共享中心的建设不是一蹴而就的，企业需要充分做好前期调研，做足准备，以奠定坚实的组织基础。财务共享中心在企业中的应用，需要企业本身拥有比较完整的财务组织架构，这也是财务共享中心最早在跨国企业集团中创立的根本原因。因为相比于其他企业，跨国集团企业财务组织结构比较完善，从岗位设置到人员配置再到标准化管理，都有一套比较规范化的体系，同时财务报表的归类和账目也比较清晰。

基于此，企业在建设财务共享中心时，必须夯实组织管理的基础，可参考跨国集团的财务共享模式，调整自身的财务组织架构，完善部门设置和岗位人员配置，针对不同业务

类型制定相应的数据管理标准和信息采集流程，以此为财务共享中心的有效建设奠定基础。

（二）注重统筹协调

企业在建设财务共享中心时要注重统筹协调，既要兼顾短期内实际发展的需要，又要具备长远目光，考虑持续发展的要求，确保财务共享中心能够长期为自身生产与运营服务。

首先，从短期来看，为了实现对各项业财数据的集中化处理，在建设财务共享中心与系统平台时，企业要强化数据整理模块的应用，架构起完善的数据层和数据库，将所有财务信息统筹归纳与整理，以此为后续数据开发和应用奠定重要基础。

其次，从长远来看，企业要把财务共享中心打造成一个能够独立提供财务服务的机构，能够依托于财务数据库对财务管理进行统筹协调。

五、大数据背景下企业财务共享中心建设的路径

（一）明确财务共享中心的功能定位

企业财务共享中心的建设首先要明确财务共享中心的功能定位。对于财务共享中心功能的定位，在一定程度上关系到财务共享中心建设的技术水平和服务能力。财务共享中心的功能是伴随企业发展而逐步变化的，对于该中心的功能定位，企业必须从发展要求、经营情况、人员配置等方面进行综合考量。

一般来说，财务共享中心必须具备三方面的功能定位：一是基础功能，就是在财务核算、机器人流程自动化（Robotic Process Automation，RPA）应用、企业资源计划（Enterprise Resource Planning，ERP）集成处理、数据维护等基础领域提供保障和服务；二是决策功能定位，就是在业财数据深度分析、挖掘及为管理层提供决策信息支持方面提供保障；三是咨询功能，就是根据流程提出意见和建议，以便于工作改进，同时还要提供基础查询等服务。通过明确这三方面的功能定位，能够推动企业财务共享中心高水平、高质量建设。例如，企业基于决策功能定位，能够强化对大数据技术的科学运用。

（二）科学应用信息技术，加强财务共享人才培养

当前，企业在建设财务共享中心时需要着力解决技术和人才适用的问题。

首先，从技术应用的角度来看，大数据背景下，除了基础的大数据分析、大数据挖掘等技术的应用，还要强化对虚拟现实（Virtual Reality，VR）技术、人工智能（Artificial

Intelligence，AI）技术、增强现实（Augmented Reality，AR）技术、云计算技术等的应用，从而深化以数字化为基础的财务管理智慧场景、智能算法的开发。

其次，从人才适用的角度来看，先进技术的应用对于企业财务人员的专业素养也提出了更高的要求。企业在持续深化技术开发与应用的过程中，要同步做好团队建设与人才培养的相关工作，优化企业财务管理的人才结构，增加管理会计、大数据审计等岗位，提升财务管理人员的信息素养与大数据应用能力，以此为自身现代化发展提供必要的智力支撑和人才保障。

（三）财务共享中心的财务模块与功能规划

1. 财务核算模块

财务核算模块是财务共享中心较为基础和核心的构成模块。这一功能模块主要是利用网络平台架构起集成式的财务系统，实现对各项业务的有效处理。财务核算模块主要处理财务核算业务，可应用"数据+算力+算法+场景"模式，借助 RPA 机器人，实现简单核算业务的自动化处理，将复杂分析嵌入日常的财务管理和交易场景中，通过搭建相应的财务赋能平台，使日益复杂的业财数据核算工作变得更加自动化、智能化，从而有效提升企业财务管理效能。

2. 风险控制模块

风险控制模块也是财务共享中心重要的构成模块。风险控制模块应主要发挥财务风险模型测算、风险预警等功能，借助风险控制系统实现对企业各项业务活动中的关键风险节点的控制和测算，之后管理会计人员根据测算结果，出具风险分析报告，并且制订有效的预案，以此增强企业的财务风险防范能力。

3. 凭证提取模块

凭证提取模块属于优质服务模块，其能够为工作人员提供凭证扫描、共享等服务，企业财务共享中心构建时应注重这一功能的实现。当各个部门或子公司向总公司报账时，可以直接利用凭证系统进行点对点的传送，不再进行实物凭证的传递，以此极大地提升企业部门传递和协同作业的效率。

4. 电子报销模块

电子报销模块是企业财务共享中心建设时必不可少的功能模块。该系统应能够实现对业务类型的细分，并且可上传共享电子凭证、报销凭证等信息。相较于传统的人工记录，电子报销模块能够大大提高凭证的真实性和准确性。同时，企业可利用审核机器人完成自动化的审核工作，简化报销流程，以此减少相关人员的工作量。

总之，目前，我国企业财务共享中心建设处于发展阶段，无论是应用模式还是技术手段都不够成熟。企业要加大资金投入力度，持续深化对财务共享模式的应用研究，为经济效益提升提供助力。

第三节　大数据背景下企业业财融合一体化建设

一、业财融合的基本认识

目前学术界有关业财信息搜索技术的研究尚少，因此本节主要针对业财融合、财务信息共享和信息搜索方式几方面分别进行探讨。业财融合是财务管理中深度融入业务运营的一种管理方式，在实际运营中支撑企业战略和运营决策，实现业务财务的有机协同，助力企业价值创造。现代财务管理体系应分为目标层、内容层、架构层和基础保障层。其中，深化协同、支撑决策、持续推动公司价值增值，是财务管理的终极目标，位于业财融合体系金字塔的顶端；内容层是财务管理的重点领域，是企业的核心价值点；架构层是现代财务管理体系架构设计，分为战略财务、业务财务、共享财务，其清楚界定各类财务的职责及工作方向，根据不同企业的管理特点和业务变化不断更新；位于金字塔底端的基础保障层是财务管理体系的坚实基础，为财务管理工作的顺利实施提供保障。四层互相影响、互相推动着财务管理体系的开展。作为企业当前财务部门转型的趋势，业财融合要求将业务流程与财务管理协同合作，从未来角度出发，进行实时预测，及时反馈。

（一）业财融合的内涵阐释

从现有国内外的文献综述来看，业财融合是管理会计发展的趋势，在企业中发挥的作用日益突出。其融合方式一可通过信息技术等管理工具将企业经营中的业务流程、财务流程以及管理流程实现一体化，实现财务数据信息共享，会计核算集中化，提高财务运营效率；融合方式二可通过预算管理、成本管控作为切入点，结合价值管理、绩效管理、风险内控等先进的管理方法去实现业财融合，让业务人员更加便捷地了解财务效益管理理念，使价值管理真正贯穿于整个经营过程中。业财融合将业务信息与财务信息相结合，这就使财务部门的职能转为通过事先预算来预测业务活动所产生的经济效益，不再仅仅依靠事后的分析总结，改变以往会计信息的滞后性，具体业务人员也能够第一时间收到反馈信息，从而让业务能更好地开展下去。在公司经营活动方面，包括规划、采购、投资、产品、营销以及客户服务等财务部门都能参与其中，将市场需求作为基准，财务的职能从对外披露报告财务信息逐步延伸到为企业管理员提供有用的资源与参考。信息化的发展是辅助其实现的主要方式，它将会计核算系统升级改造为涵盖各个业务核算的系统集合。当企业开展新业务时，业务统计系统把交易过程中产生的数据进行统计和记录，经过筛选处理后迅速将有用信息传递给会计信息系统。如此就可以达到业务部门与财务部门的数据信息共享，同时数据的有效性、准确性能够得到保障。

业财融合的主要优势如下：①帮助企业实现价值。企业价值由企业资金时间价值、风险控制能力和可持续发展能力体现。业财融合可以把控企业各经营环节产生的成本费用，从而降低成本，提高资源配置有效性。业务信息与财务信息的结合使信息更加全面、及时、有效，利用这些信息对企业经营活动进行深入分析能让企业在复杂多变的市场环境中灵活应对，从而使企业自身价值得到实现并可持续发展。②满足信息化与大数据背景的需要。一般我们采用管理会计对企业的成本与利润进行分析，以此来评价企业的运营效果。在信息化进程的迅猛发展下，信息系统也在不断升级优化，数据的收集、统计与获取方法也在不断更替。数据分析报告能根据不同的使用者将数据生成满足使用者需要的报告，实现客户个性化设计，企业就能同时满足所有客户的不同需求，不再进行大批量高成本模糊性的生产，转而进行定制化生产。业财融合能通过对数据的结合与强大分析，使企业面向未来并解决问题。③提升经营数据的有效性。在传统的业务财务模式中，两个部门的工作重点并不相同。业务部门重点在于业务量的实现和业务市场的拓展；而财务部门更多的是注重成本和利润的分析，更加关注成本的开销所产生的经济效益。

由于业务开展与会计核算不能同时进行，加上企业财务人员大部分都是专业型人才，缺乏复合型人才，所以在实际工作中，财务部门只对数据信息进行记录核算，缺少对不同行业数据的敏感性，所以很少进行深层次挖掘与利用。当然财务人员也会对生成的数据进行一定分析，但是由于财务人员对业务的了解片面，使得产生的分析结论一方面不能有效地帮助业务人员利用信息；另一方面，由于各自长久以来形成的"信息孤岛"，使得会计人员对数据的处理更多地站在会计角度，在过去很长一段时间内，能够在一定程度助力企业的发展，但是面对当今多样化的市场，会计部门继续沿用传统的信息处理方式显得力不从心，对企业的帮助也越来越小。此外，在实际的企业管理中，存在大量数据信息收集速度缓慢和数据分析不精确的问题。由于大量的数据都依靠人工收集，当中很可能发生错计和漏记的情况，所以问题主要出现在这些需要大量人工现场操作的环节中，数据的准确性因此受到影响，且在后期对数据的分析过程中容易对数据的分析结论加入主观色彩，那么所产生的数据的有效性将大大降低。

（二）业财融合的主要特点

可以将业财融合的特点总结如下：

一是协同性。业财融合强调业务部门和财务部门的深度交互融合，双方需要解决语言不一致的难题，统一业财口径，达成共识。

二是全局性。业财融合涉及的工作范围广，影响整个企业的经营发展，其管理机制须不断完善，并同时得到企业管理层的重视和支持，在整个企业推动贯穿执行。

三是开放性。业财协同模式、业财融合工具方法会随企业的发展持续更新，动态变化。其内容涉及范围广，在实际运营管理中不受财务管理边界影响。

四是过程性。业财协同对企业影响广且深，会对企业现存运营管理模式造成影响，如战略规划、信息系统、人员分工和数据管理等。业财融合应结合企业的实际情况综合考虑、分步开展和稳步推进。

（三）业财融合的具体作用

第一，业财融合是企业精细化管理和战略转型的重要举措。随着市场环境的不断变化，企业所面临的经营压力日益增大，原有粗线条的管理模式已不再适应发展需要，企业需实施精细化管理以及战略转型升级。业务财务可以将价值管理的相关要求融入业务管理中，为经营管理及公司战略转型提供专业化、常态化的全流程支持，促使企业实现精细化管理和战略转型。

第二，业财融合提高企业经济效益。企业面临行业及市场激烈的竞争，向外开源，向内对成本费用效益管理提出了更高的要求，降本增效已成为许多企业管理的重中之重。通过业财融合准确反映成本费用支出，清晰揭示成本费用变化动因，引导全员树立成本费用管理意识，形成闭环成本费用管理机制，为优化成本费用管理模式提供支撑，优化企业资源配置，助力企业管理效率的提升。

第三，业财融合为管理决策提供重要支撑。财务部门所掌握的信息是企业的价值信息中枢，所反映的企业财务状况、经营成果和现金流量都是企业决策的重要依据。业财融合通过对业务经营活动的进一步深入，使业务与财务的信息实现有机融合，集财务的专业性、业务的全面性和综合性于一体，为企业规划、决策、控制、评价提供重要信息支撑，提升企业运营效益、实现价值最大化。

二、大数据背景下业财融合的必要性分析

业财融合是大数据时代的必然产物。大数据时代的到来，拓展了财务及业务管理的范围，大数据可将现有的业务与财务数据结合起来进行深度挖掘和剖析，整合数据，帮助财务人员更好地进行决策和管理，提高效率。大数据时代，企业财务管理工作迎来了新的契

机，业财融合的步伐也在持续加快，将业财融合理念应用到企业内部管理中十分必要，大数据背景下业财融合的实施，可以帮助企业实现自身价值最大化的目标。

（一）提升企业管理水平的需要

随着大数据时代的到来，企业迎来了更多发展机会，同时也面临着各种挑战。企业只有适应潮流、积极改变，才能做到持续发展。

1. 提升财务人员素质的需要

随着社会经济的发展，当今社会竞争是人才的竞争，传统的财务会计已经不能满足企业财务管理的需要。当今企业需要的会计人才不仅仅是进行会计核算，还要参与企业的预测与决策。这就要求财务会计人员着眼于自身发展，提升专业能力和业务能力，从传统会计人员向管理会计人员转变，以满足当今企业发展的需要，助力企业财务转型。企业财务人员熟悉企业的经营情况，通过收集丰富的财务信息来确保财务预算、决算、核算的正确性。以此有效地降低企业投资风险，让企业赚取更多利润。同时，财务人员通过熟悉企业业务流程，更好地服务于企业业务决策。实施精细化管理，帮助企业更好地分析解决问题。

企业加强财务部门与业务部门的沟通和合作已经迫在眉睫，财务人员必须提高借助自身熟悉的数据进行沟通的能力。财务人员在与业务人员进行沟通时，可以依据相关的数据给予支撑。针对业务人员的误会或不理解，财务人员可以提供相关的数据进行解释，这会增加沟通的便利。财务人员通过数据证明部门人员不仅仅在衡量企业的价值，也可以为企业创造价值。由于财务工作的专业性较强，财务人员使用会计专业术语进行业绩分析或者业绩汇报时，业务人员较难理解，尤其是在企业的报销环节，这些问题都体现出进行业财融合的必要性。在大数据时代背景下，财务人员充分利用大数据分析企业决策的合理性，可以对企业决策进行更为精准的预测，有效减少效果不佳的营销策划方案，提高企业经营效率，加强企业经营管理，为企业带来更高的经济效益。

2. 大数据发展的需要

大数据发展迅速使数据成为企业甚至国家的战略性资源，大数据技术对经济发展、国家治理产生重要影响。我国紧紧抓住时代机遇，积极探索大数据的应用，《国务院关于印发促进大数据发展行动纲要的通知》（简称《纲要》）显示，我国在大数据发展和应用方面已具有一定基础，拥有市场优势和发展潜力。运用大数据技术推动经济发展、完善社会治理等正成为全球趋势，而我国一些地方政府相继运用大数据，积极促进大数据技术发展，鼓励企业运用大数据进行经济和企业转型升级。《纲要》中制定了大数据发展的主要任务，其中"推动产业创新发展，培育新兴业态，助力经济转型"是行业和企业发展与运用大数据技术进行转型升级的重大机会。因此，大数据背景下财务转型已经成为企业发展的必然趋势。企业财务转型可以通过优化资源配置、完善风险防控、加强成本管理等方式，不断为企业创造更高的价值。首先，对于集团企业来说，跨国子公司和工厂遍布全球，各国之间经济交流越来越密切、越来越频繁，各地区财务处理的速度和效率各有不同，严重影响了集团的整体效率，企业财务转型迫在眉睫。其次，财务转型有利于企业实现规模效应，增强企业竞争优势。最后，财务转型还可以弥补传统会计的不足。传统会计将公司财务体现在报表上，各个部门之间对报表的理解和掌握程度并不相同，每个部门难以掌握企业整体情况，部门之间相对离散，在处理工作时不能更好地协作。实现财务转型，能够更好地帮助企业实现战略，帮助部门深入企业发展，使集团子公司加强协作。

3. 业财融合的需要

企业经营管理的重要目的之一是追求价值的最大化，而企业财务管理是一种价值管理，是通过对生产经营各个环节的价值分析与管理控制来实现企业价值最大化。在企业实际的财务管理工作中，若是不能与业务工作建立起紧密联系，则多种信息无法及时、准确地反馈至企业的财务管理部门，这些信息包括市场变化信息、企业经营风险信息、运营与业务成本信息、生产要素信息等。在这样的情况下，无法确保企业内部的资源得到最大化利用，资源配置科学程度有待进一步提升。站在这一角度来看，引入业财融合是企业的必然选择，是提升企业经济效益的现实需要。

业财融合是财务为业务工作提供服务的需要。在财务管理工作中，需要充分了解企业经营生产对财务管理提出的现实要求。实践中，若是财务管理人员未对企业的业务展开情况、现实需求充分掌握，不能了解所有财务数据中蕴含的业务内容，则难以为企业的业务活动展开提供更好的服务与支持。除了要了解业务工作现实需求之外，财务管理部门还需要明确自身可以为企业的业务活动展开提供何种服务、与业务工作有何种协作要求等。而业财融合的实现能够达到上述目标，促使财务管理真正地为企业业务活动的展开提供服务保障。现阶段，企业的经营规模呈现出不断扩大的趋势，所面对的经营风险性因素更多，且更多集中于财务方面。从这一角度来看，企业财务管理工作承担着风险的控制、监督、防范职能。实践中，推动财务管理向业务活动中延伸，推动财务管理与业务工作协同运作是必然选择。

总体来看，在业财融合的支持下，企业经营管理的效率和效果明显提升，业务监督管理工作升级，对风险的防范力度、效果也表现出大幅上升的趋势。企业面对的市场竞争压力越大，对财务管理提出的要求越高，此时，财务管理的重心逐步转向为企业提供决策支持，保证企业所有的业务决策更为科学合理，维护企业的市场占有率与市场竞争能力。然而，就当前企业财务管理的实际展开情况来看，财务管理工作尚未实现上述目标，其自身具备支持企业决策的作用没有得到最大限度的发挥。造成这一问题的重要原因在于企业的财务与业务之间尚未深入融合。在这样的条件下，企业财务信息的实际利用率偏低，没有为企业形成科学合理的业务决策提供支持。

换言之，只有深入推动企业财务管理与业务工作的有机结合，才能够强化财务管理工作的决策支持地位，保证企业始终在正确的发展道路上前进。依托业财融合，财务管理部门的工作侧重点更为明显，可以对业务数据信息展开深入分析，以此为企业做出正确决策提供参考意见，保证企业业务展开方向的正确性。

4. 管理会计转型的需要

随着互联网的发展，大数据已成为这个时代重要的特征之一，大数据涉及各行各业，对传统企业更是带来冲击，在这种冲击下，企业的发展也迎来了新的机遇。对于财务会计而言，大数据时代带来的智能化发展使得财务会计的一些基础性工作已经可以交付给智能信息平台甚至机器人进行处理，因此财务会计不得不向管理会计的要求迈进，寻求业务与财务上的融合，进而促进管理会计的转型。首先，其有利于解决传统财务管理模式的弊端。大数据时代带来了信息技术提升，传统财务管理模式的弊端正在逐渐显现出来：企业的财务运作成本不断增加；集团管控难度增大、风险增加；财务部门忙于烦琐的会计核算、对企业战略的支持不够；企业财务数据的分析对财务人员的依赖程度高、与业务略微脱节带来的风险增大；等等。

在大数据时代下，信息传递的速度越来越快，企业财务数据的及时更新可以有效解决传统模式较为分散的问题，因此进行业财融合有利于解决传统财务管理模式的弊端，使企业能够更好地对业务、部门等进行管控。其次，其有利于财务会计向管理会计转型。大数据推动了"互联网+会计"的创新融合与发展，衍生了智能财务共享（集团企业）、云ERP集成（中小企业）、智能云会计（小微企业）的具体大数据技术应用，财务会计的传统核算职能逐渐被替代，现在以及未来企业需要的是集预测、决策、规划、控制与评价于一体的管理型会计，而业财融合正是财务会计向管理会计转型发展的一个契机。

业财融合是企业将财务与业务联系在一起的新型会计管理方式，是现代企业财务管理转型发展的方向，利用高效的技术方式，把企业的财务工作和业务工作捆绑在一起，有助于信息的实时共享。利用核算会计的核算结果和在一线抓取的业务数据，去预测、预算、分析、决策、控制、评价，帮助业务部门达成目标，使管理会计的触角延伸到每一个重要的业务部门。它也能改善目前很多企业财务人员就数据论数据、脱离业务、滞后于业务、不能支持业务的现状。业财融合是企业前进发展的有利管理形势，业务基于财务的基础上，财务再优化业务，使之成为发展企业的必要因素。财务管理决策需要很多真实有效的数据才能展开工作，因此，财务对数据应用，应当将业财融合从业务发生阶段，向前延伸至计划预算阶段，向后推进至检查考核阶段，以此实现全过程的业财融合。业财融合真正实现了管理会计从理论指导走向企业落地实践，传统管理方式已然不能适应现代企业的经济发展，企业只有合理有效利用大数据带来的优势，管理水平才能进一步提升，企业才能提高自身的竞争力，为企业转型升级提供保障。

在进行传统管理方式的改变时，企业必须具备较完备的会计体系支撑，实现有效的规划管理。开展业财融合工作，一般需要企业转变传统、老旧的思维观念和行为方式，才能更好地完成企业战略目标、优化资源配置。只有业务与财务真正结合起来，企业才能更好地发挥管理会计的作用，强化决策，提升营运管理水平。企业将价值引领的财务语言作用于信息传递和控制节点的各个环节，从而达到提升财务风险管控的能力。因此，企业财务要面向业务提供价值服务，对数据进行有效整合与应用，按照业务需求输出数据结果，建立基于业务视角的财务敏感度，使业财融合成功转型。随着业务和财务的深度融合，将更好地发挥管理会计在企业战略决策和运营管理中的支撑作用，也会进一步提升管理会计在企业中的应用水平，为企业创造出更大的价值。

（二）强化风险管理的需要

1. 风险管理要求重视数据分析应用

大数据背景下，企业想要更好地实现业财融合，需要高度重视数据分析应用，进一步提升对于风险管理相关数据的挖掘和分析能力。具体来讲：

一是应该做好风险管理相关数据的深入挖掘工作，财务数据作为企业经营活动成果以及财务状况的直观反映，能够为企业管理工作的开展提供参考依据，通过业财融合，企业能够对自身风险管理相关情况进行全面分析和应用，准确把握自身的偿债能力、营运能力和运营风险，从而做出科学的决策。

二是在开展大数据挖掘分析的过程中，不仅应该关注财务数据与业务数据的融合，也应该关注风险管理相关数据，要求财务部门借助专业的财务管理信息系统，把控好企业经营活动中产生的各类业务数据，运用科学的数据分析方法，对财务数据和业务数据以及风险管理相关数据进行分析，提升财务数据所具备的决策价值。

三是应该合理利用大数据分析结果，围绕业务数据、风险管理相关数据等，做好风险变化情况的分析和研究，同时也应该结合财务数据基础来分析风险管理情况，通过有效的数据分析，进一步加强财务活动与业务活动的联系，促进业务活动顺利开展。

在实施业财融合时，风险管理工作贯穿于业务过程始终，将财务工作与经营业务结合，就会发现企业生产经营过程中每个部分的成本配置、订单信息、质量评价等，将及时、准确地反馈信息给财务，对产品的未来发展情况、业务市场开拓预期等进行了解，能有效地防范风险。传统会计的核心功能是对已发生的经济数据进行统计和分析，如通过对企业一定会计周期内资金流动情况的决算来对企业这一阶段的经营状况进行总结及分析。随着市场竞争激烈程度的不断加剧，单纯的汇总、总结很难满足企业需求。基于此，管理会计应运而生，管理会计的核心是在传统会计基础上，将会计结果用于企业治理，如对于绩效体系的构建等方面，从而达到提高企业管理质量、拓展企业管理工具等目的。现阶段，管理会计已经成为企业会计制度体系的重要环节，并在实际应用中取得了丰硕成果。近年来，业财融合逐渐进入会计实操领域。业财融合主要是指在业务开展的全过程引入会计，通过实时的会计数据对业务的开展进行监控，并结合会计结果对后续业务的方向进行调整，从而达到有效提升企业运行效能的根本目的。

业财融合的主要优势体现在三个方面：第一，实时的会计数据能够为企业业务开展提供更高维度的指导，能够随时发现业务运营中所存在的问题，并给出解决方案；第二，会计的提前介入提高了企业业务运营中的合规性，在成本控制、行政效率、业务水平保障等方面提供了助力与支撑；第三，业财融合能够对企业绩效、状态监管、业务评价等管理工具进行进一步的补充，弥补传统企业治理体系中的不足，并切实提升企业决策层对于具体业务开展的了解程度与控制力度。由此可见，在企业中施行业财融合的会计管理制度势在必行，也是提升企业核心竞争力的关键所在。

2. 风险管理具有的重要现实意义

业财融合作为大数据发展下的新型财务管理方式，风险管理对企业内部的资源配置和价值创造具有重要的现实意义。

首先，基于大数据技术和财务共享中心将业务活动与财务活动中的风险管理有效结合，使财务部门的职能由原来的事后会计核算及监督转向事前业务以及对风险进行预测与把控，促进财务职能的升级转型。段君亮指出："业财融合使财务资金的运用和核算渗入企业业务经营活动的全过程中，通过信息共享、沟通与反馈，使企业实现精细化、高效率的管理方式。"①

其次，业财融合机制使财务管理活动延伸到业务经营活动的全过程，实现财务资金管理对业务经营活动的全程监督与核算，有效规避业务活动中的潜在风险、确保企业业务活

---

① 段君亮. 积极推进业财融合，助力公司转型升级［J］. 财经界，2015（6）：2.

动的安全性和价值性。李天骄认为："业财融合能够加强企业内部对固定资产和流动资金的动态管理和控制，准确把握管理薄弱点，减少预算决策和业务经营层面的安全风险。"①

最后，业财融合使财务部门与业务部门信息互通，及时了解市场信息和业务状况、改进业务活动的经营目标，是提升企业价值和竞争力的有效手段。张传平指出："财务与业务的融合使财务工作人员发现报表数据背后隐藏的业务逻辑，了解企业的业务经营流程与资产配置需求，围绕业务部门的经营目标进行价值分析与管理控制，提升企业价值和竞争力。"②

3. 大数据技术为风险管理提供技术支持

大数据是互联网发展到一定阶段的产物，大数据技术在各个领域中的广泛应用，为其在风险管理方面的发展提供了技术支持。大数据技术在风险管理中的应用，大大提高了财务等相关管理部门的工作效率，同时改变了会计的工作职能，包括传统的基础性会计工作（比如入账、出账、报税等）向财务数据分析、财务数据挖掘、为业务部门服务等。业财融合就是让财务部门与业务部门融合，能更好地让财务部门进行数据挖掘，更加科学有效地分析数据，转变企业会计的工作职能，为企业的发展与决策提供可靠的财务分析报告，同时大大提高了工作效率，保障了工作质量。企业在发展的过程中追求利润，这是企业发展的根本，业财融合有助于企业利益最大化。实现企业价值最大化是企业经营的终极目标，需要充分发挥财务这个核心部门的作用，财务管理部门负责企业资金流的使用，对企业的发展决策起到重要作用。

业财融合拓展了企业财务管理部门的工作范围，让财务管理部门了解业务部门的工作过程，同时也能充分了解市场需求，及时调节企业的生产规模，同时可能有计划性地进行转型。企业的发展需要遵循市场规律，市场是企业生产的调节杠杆，业财融合突出财务管理部门的核心作用，对降低企业投资风险，让企业在激烈市场竞争中处于有利位置都起到重要作用，业财融合这种新型财务管理模式是现代企业快速发展的结果，同时也是社会发展为现代企业的发展提出的新要求，符合现代企业财务管理部门的需求。

业财融合有利于财务会计向管理会计的转型发展。大数据技术在财务管理部门的应用改变了企业会计的工作方式，一些财务会计的基础性工具完全可以利用财务软件完成，同时节约了人力、物力与财力，提高了工作效率，保障了工作质量。现在企业需要的是懂预测、会决策的管理型会计，业财融合有利于财务会计向管理会计的转型发展。在大数据背景下实现了财务一体化，通过财务管理软件对企业各个部门的信息都可以进行监控，比如

---

① 李天骄.构建财务业务一体化的管理会计模式 [J].商，2015（1）：154.
② 张传平，王晓村.关于电网企业业财融合的预算管理模式探究 [J].华东电力，2014，42（12）：2728-2731.

订单信息、质量评价、市场行情等，这些信息对企业财务部门的财务预算、企业财务的预测能起到重要保障作用，现在企业财务管理部门不是简单的记账等问题，而是要为企业的发展与决策提供可行的财务分析报告，这是企业可持续发展的核心因素。财务会计向管理会计转型是现代财务管理发展的需要，同时也是现代企业发展的必然结果，业财融合有利于财务会计向管理会计的转型发展，也加快了财务会计向管理会计的转型。

大数据时代，想要实现业财融合，就需要借助大数据技术，做好财务和业务活动流程的整合。一是应该对不同业务管理系统进行整合，包括业务管理系统、成本管理系统、物资管理系统、财务分析系统等，在各部门与业务部门之间，构建起通畅的信息对接渠道，为实现财务共享服务奠定坚实基础；二是应该进一步加快企业内部财务和业务流程的融合，对财务组织结构进行调整，对会计组织结构进行优化，确保财务人员能够参与到业务流程中，为业务决策的制定提供支撑，同时，企业也需要在业务执行环节，赋予财务人员更多的管理权限；三是应该立足企业整体价值导向，重塑财务管理流程，进一步提高业财融合的深度。大数据时代，以先进的信息技术为支撑，企业管理人员可以实现对所有业务活动的全程监管，完善的信息系统能够实现对业务实施情况的自动追踪管理。针对不同业务系统中的不同数据，企业应该建立起统一的结算中心系统，对数据标准进行统一，生成相应的财务报表，为企业经营管理决策提供支持。大数据背景下的业财融合工作对于企业财务风险管理有着更加严格的要求，企业需要运用内部信息管理系统以及数据分析系统，建立起完善的财务风险管控体系，提高对财务风险的管理能力。应该针对财务风险管控工作，建立起现代化的财务风险控制管理制度，将大数据的信息安全管理凸显出来，实现对内部数据流转及共享中的数据泄露、数据损坏等问题的规避和防范。财务数据是企业财务人员根据企业已经发生的交易或事项进行记录、计量和报告的，虽然财务数据显示了业务活动的结果，但是无法揭示企业业务活动的具体实施过程。这一现象使得财务数据无法分析企业具体的业务活动的效率，无法给予管理层企业业务活动层面的决策支持。因此，财务人员要提高财务数据决策支持度，必须将财务数据与业务数据相融合，在向管理层提供分析报告时，不仅仅局限于数据结果的分析，还可以提供业务经营活动的决策支持。一般情况下，企业的 IT 部门可以获取业务数据，财务人员可以加强与 IT 部门之间的配合，采用一定的数据分析方法将财务数据与业务数据进行结合分析，增加财务数据的决策价值。目前，国内大型国企均已开始采用业财数据融合的分析方法，通过对财务数据和业务数据进行可扩展商业报告语言的标签化处理进行融合。

具体来说，财务风险管理人员在获取业务数据后，可以采取的数据融合方式有两种。一是以业务数据为基础分析风险相关数据的变动。财务人员需要统计企业发生的业务量变化数据，研究企业损益与业务量之间的关系，可以帮助企业实现盈利。二是以财务风险管理数据为基础分析业务数据。业务活动的开展离不开企业资金的支持，而财务部门需要合理筹划资金的来源，规避风险，同时确定最合适企业发展现状的资本结构，进而促进企业业务活动产生更大的效益。因此，企业业务活动与财务部门是紧密相连的，通过分析企业业务活动的变化也能发现财务活动的变动情形。

（三）实现企业利益最大化的需要

从企业的角度分析，其无论是开展各类经营活动，还是参与市场竞争，都是为了实现自身价值的最大化，这也是其开展财务活动的基本目标。首先，以大数据技术为依托，企业能够加快业财融合的速度，将市场经营活动中产生的各种业务数据全部归集到财务部门，确保财务人员能够及时掌握企业经营状况，也可以将提取出的财务数据与业务部门共享，实现对于企业资源的优化配置。其次，业财融合理念能够推动企业财务会计向管理会计转型。以往企业财务管理工作中，采用的都是以核算为主的财务会计，但是在新的发展环境下，财务会计已经无法适应现代企业经营和管理工作的现实需求，以业财融合为支撑，企业财务信息的真实性和准确性大大提高，使得财务人员能够更加精准地对企业发展状况进行预测分析，实现财务会计向管理会计的转变，进一步对企业决策模式进行优化，以此来实现参与市场竞争能力的提高。大数据背景下，业财融合可以说是企业财务发展的一种必然趋势，而借助大数据技术的合理运用，企业财务管理工作的效率可以得到显著提升，会计管理职能也会发生一定变化，财务管理开始从原本的基础性会计工作如记账、报税等，朝着业务部门管理以及财务数据挖掘等方面转变。业财融合的应用，能够实现财务部门与业务部门的融合，通过更加有效的财务数据分析，为企业经营与发展决策的制定提供财务分析支持，促进其财务管理水平的提高。

业财融合有利于实现企业价值最大化的目标，而实现企业价值最大化正是企业经营的终极目标，需要充分发挥财务这个核心部门的作用。业财融合有利于财务会计向管理会计的转型发展。核算型财务会计已经不能适应企业的快速发展，懂预测、会决策的管理型会计才是企业发展的助推器。大数据下实现业务财务一体化，既可以随时掌握成本配置、订单、质量评价等信息，实行精细化管理，保障会计信息的真实准确及时效性，实现精准预测、决策，又可以及时了解业务的市场开拓及产品的市场份额等信息，精准把握市场，有效防范风险，提升企业竞争力。

1. 在企业内部应用的必要性

大数据在企业内部的应用为企业的财务管理带来了新的机遇，同时也进一步加快了业财融合理念在企业内部的深入应用。

首先，业财融合理念有利于促进企业价值最大化发展目标的实现。对于企业来说，开展经营活动根本上还是为了实现企业的价值最大化，这也是企业财务活动的基本目标要求。在大数据时代，通过加快推进业财融合在企业内部的应用，能够将企业在市场经营活动中的各项业务活动数据及时归集到企业的财务部门，因而财务部门也可以随时掌握了解经营信息，并通过财务数据资源的分析提取，以及与业务部门之间的信息沟通共享，更加科学合理地配置企业内部的资源，促进实现企业的战略发展。

　　其次，业财融合理念有利于加快企业的财务会计逐步向管理会计转型，以往的核算型财务会计已经难以适应现代企业经营管理发展的需要，对于现代企业来说，更加注重管理会计在企业内部的应用。通过在企业内部加快应用业财融合理念，尤其是企业内部财务会计信息的真实性、准确性和时效性的大幅提升，能够帮助企业进行更加精准的预测决策，也更有利于企业掌握决策信息，优化决策模式，进而促进提升企业的市场竞争力。

　　最后，业财融合理念是大数据时代企业财务发展的重要趋势，大数据技术在现代企业内部管理中的充分应用，尤其是在企业内部财务管理中的应用，最大限度地提高了企业财务管理的工作效率，实现了企业财务会计管理职能的创新转变，推进了企业财务管理从以往的出入账和报税等基础性的会计工作，逐步转向为财务数据挖掘分析以及业务部门管理服务。业财融合理念在企业内部的深度应用，同时还为财务部门与业务部门之间的融合，财务部门更加科学有效地进行财务数据分析，获取可靠的财务分析提供了更加直接的途径。

　　知识型经济时代，企业之间的竞争由原先的资源竞争逐渐转向人才竞争，此时，企业要想在激烈的市场竞争中脱颖而出，应重视大数据相关复合型人才的培养。传统财务管理模式下，企业业务管理系统与财务管理系统独立设置，系统之间缺乏联系，难以实现数据的有效对接和共享，容易引发较为明显的信息孤岛问题。以大数据思维为支撑，配合相应的业财融合理念，企业可以构建起完善的管理会计框架，框架中应该包含战略管理、全面预算管理、成本管理、投融资管理以及绩效评价管理等内容，为大数据背景下的业财融合工作的开展提供良好支撑。在企业财务管理中，传统的财务会计已经无法满足当前的管理需求，会计人员的转型成为发展必然。业财融合下，为满足企业管理需求，会计人员不仅要提升自身专业能力、业务能力，还要拥有分析预测和决策能力，从而提高企业财务管理水平，推动企业财务顺利转型。在企业经营投资中，为有效降低投资风险，财务人员必须对企业的经营情况了如指掌，并利用信息技术收集海量财务信息，保障信息资料的准确性，为科学的经营投资决策提供支持，提高经营投资的准确度。同时，财务人员对业务流程的掌握，能够更好地为业务决策提供服务，实现财务与业务的精细化管理。由此可见，业财融合，为企业落实精细化管理提供了途径。企业落实业财融合，需要将财务管理贯穿业务开展的全过程，从而实现财务工作、业务经营的有机融合。而该种情况下，财务人员能够准确掌握企业生产经营管理中的成本分配、订单情况、产品质量等，并及时将精准的信息反馈给管理决策部门，以便准确预测产品未来情况、业务市场拓展情况等，提升企业内部控制水平，有效预防各项风险。

2. 业财融合打破管理会计工具之间的信息孤岛

传统管理会计中的工具方法在使用的过程中是独立的，但是在大数据时代背景下，用户需求越来越追求个性化，营销成本不断增加，要实现企业精细化管理，提高经济效益，就要求企业将业务与财务进行有机融合，业务驱动财务，财务支撑业务，二者高效协同，打破管理会计工具产生的信息孤岛，形成一体化的信息链条，使得各模块之间互通互联。业财有机融合的过程中，对信息质量提出了更高的要求，不只是分析业务信息和财务信息，还要对各部门的业财信息进行整合，提高企业的精细化管理。例如，对业务流程进行科学合理的分析后，将所得信息及时反馈至财务部门，财务部门在熟知业务的前提下，提供的财务数据就能够集中反映价值增值的信息，而不是单纯的报表数据。大数据背景下的业财融合是，业务活动提供数据，财务部门分析整合数据，业务数据与财务数据相结合获取有价值的信息，掌握市场动态，完善市场活动，为决策者提供及时准确的战略信息，加强对战略决策的支撑作用。

3. 业财融合促进财会工作的转型

大数据时代的高速发展以及大智移云的实现，让财务管理的工作不再是单纯的记账制表，而是扮演着为企业经营提供可靠决策信息的角色，财会工作的转变是企业发展的必经之路，业财融合有助于财会工作快速转型。首先，在业财融合的前提下，财务人员能够对企业相关信息有实质性了解，为决策层提供科学合理的信息，财务人员如果充分了解作业流程、资源耗用情况，依据真实的业务数据，就可以做出更加符合企业发展的预算，提高管理效率。其次，信息技术的进步，为企业提供了先进的财务软件工具，大幅度节省了人力、物力、财力，企业缺少的是管理型人才，业财融合则能促进财会向管理会计转型，加速财务一体化，利用财务软件对企业数据进行监控，加强企业的内部协调。

传统的财务部门进行经营分析，往往无视外部环境影响，认为经营分析就是找出并报告差异。而业务部门的思想多集中在业绩考核指标的层面，较少站在企业整体利益角度考虑综合绩效的提升。要解决上述问题，企业应准确分析和把握价值创造模式，推动财务与业务等的有机融合。把财务工作和业务工作结合起来，就是"业财融合"。经营分析绝不仅仅是成本、预算、绩效，而应该与战略、预算对接，反映战略实施和预算执行情况。

大数据背景下，企业财务转型已经成为趋势，业务和财务不能再作为单独的职能工作，实现业财融合，有助于企业提升管理能力，提高业务处理效率。因此，进行财务转型，要转变财务管理思维，先从企业高管开始，接受财务转型的理论知识，改变想法，主动学习大数据知识，自上而下推行财务管理转型的概念。以某集团为例，该集团在业财融合过程中，进行组织变革与财务转型，建立了财务共享中心，实现了业财融合。大多数研究都认为通过信息系统平台建设的财务共享中心是其进行财务转型的基础。作为拥有众多子公司的集团企业，其在国内外各地都建立了分工厂和子公司，每个公司也相应建立了财务部门，但是子公司和分集团由于管理与组织不同，信息数量巨大且分散，不利于企业集团的共同治理，因此建立财务共享中心对各个子公司的财务信息进行集中处理，保证了信息处理的实效性与准确性。基于财务共享中心实现业财融合的集团，利用管理方式辅助集团完成业务和财务的高效处理，优化了人员和组织流程。集团不仅自己实现了业财融合，还利用信息技术开发的财务信息化系统服务包向小微企业出售，帮助没有实力自主研发信息系统和会计软件的小微企业实现业务财务管理。企业实现业财融合，利用平台统一业务流程，才能向管理会计转型，更好地管理和配置资源，为企业实现更多价值。

（四）顺应时代改革的需要

　　数字经济的快速发展及数字经济国家战略的实施，需要企业通过有效的数字化转型，快速适应数字经济新生态、新模式。

1. 大数据重塑企业财务人员

　　大数据时代下，大数据不仅促使企业进行财务转型，也对财务人员技能提出较高要求，除了掌握必要的会计理论知识，还要掌握电算化知识和技能，培养财务管理型会计人才。财务人员不再进行简单的会计核算工作，不断增多的会计工作和会计核算由平台完成，不仅统一了业务流程，还实现了减少成本的目的。因此，实现财务转型要从财务人员转型开始。会计核算工作已经由财务共享平台完成，财务人员从烦冗复杂的会计工作中脱离出来，减少了会计人员的工作量，所以财务人员不能只掌握核算技能，还要具备相应的财务管理技能，学会分析数据，增强管控能力。财务人员要不断扩大个人格局，从流程化的业务中脱离出来，要看向业务本身，从业务、财务出发，比如利润如何实现最大化，预算是否合理、是否得到有效执行，公司的决策有没有脱离企业本身的实力和发展方向，成本是否得到有效管理和实施，战略目标有没有和公司发展路径相一致等问题。因此，除了企业招收管理会计方面的人才，还要加强对管理型会计人员的培养，不断加强会计人员培训，鼓励企业会计人员积极参加会计讲座，主动学习管理会计知识，帮助财务人员掌握必要的管理会计工具，为实现财务转型巩固基础。

过去，信息技术只是被视为信息基础设施的实现技术。现在物联网、大数据、云计算、移动互联网、人工智能、区块链等新的技术则被视为企业赋能技术，新技术正在重新为企业的资产、设备、组织、人员赋能，从而使得数字化技术成为数字化商业的核心元素。所以，各个行业都需要筹划，如何在企业运营与管理的各个环节，实现与数字化技术的深度融合，理解数字化技术对原有业务的赋能原理、赋能方法，将数字化技术这个全新的生产要素的融合、创新价值发挥到最大。

物联网进入平台化发展阶段。物联网是实现对设备、物质进行数字化赋能的关键技术。物联网在企业的应用，正从单纯的设备与设备连接（M2M），发展为对资产的智能化赋能。物联网的演进正在从物物连接发展到泛在感知、认知计算、预测分析。基于物联网终端的边缘计算模式正在快速创新物联网的商业模式，物联网的普及正在从设备、网络向平台化方向发展，工业物联网平台正在成为各行业新旧动能转换关注的焦点。

云计算成为数字化转型的必备选择。数字化转型的技术方案几乎都离不开云计算。云计算日益成为从物联网到企业数字化平台的主流技术选择。财务数据是财务人员对企业当前财务状况和经营成果的数据描述，财务人员应该充分挖掘财务数据的内涵，充分利用财务数据。首先，企业可以通过对财务数据的分析，及时发现企业财务指标反馈的问题，预测企业可能出现的财务困境，从而，为企业的健康运营保驾护航。其次，企业的经营状况直接影响企业的经济效益，因此，企业管理层非常关注企业的经营状况。初始的财务数据只是对整个公司的基本运营情况进行分析，不能直接观察经营结果，因此，财务人员必须对财务数据进行财务分析，可以通过指标计算分析企业偿债能力、营运能力和盈利能力等具体运营状况，便于管理层直接了解企业目前的经营效率。目前各行各业都已经意识到大数据时代带来的机会，企业纷纷开始热衷于运用大数据进行分析企业的各项活动。

财务人员作为企业数据的处理者，应该在大数据分析中发挥关键性的作用。首先，财务人员应该学习各种大数据的收集方法，不仅仅局限于企业内部，也可以收集与企业相关的外部数据。其次，财务人员需要使用数据分析方法对初始数据进行加工处理。最后，财务人员要将分析结果进行如实汇报，企业管理层可以依据分析结果合理调整企业的发展重心，同时，也可以为业务部门提供努力的方向。

2. 数字化转型重塑企业竞争

在企业关注的未来核心竞争优势中，商业模式本身并不能给企业带来持续的竞争优势，同时，单项能力的数字化转型也不能给企业带来竞争优势，比如在线销售、传统电商或生产智能化等单一解决方案都难以给企业带来可持续竞争优势。企业要通过数字化转型构建核心优势，需要从新模式、新业态、新生态进行全面的顶层设计，实施全面的数字化转型方案，确保数字化能力的全面提升。

在当前的大数据时代背景下，企业进行业财融合必须学会利用数据，通过数据实现更高效的沟通。企业在发展过程中需要确立一家标杆企业，不断学习标杆企业的经营管理或者资本利用等，逐步向标杆企业的水准靠近，最终赶上或反超标杆企业。在企业运用这种标杆企业管理法时，最重要的就是对标杆企业的选择，只有确定合理的标杆企业，企业在模仿或学习时才会事倍功半。之前，大多数企业缺少数据支持，只能在较小的范围内进行选择，往往无法找到与本企业最为匹配的标杆企业。在当前的大数据时代背景下，企业可以通过大数据分析自身的相关数据，从而在全球范围内寻找最为匹配的标杆企业，还可以明确分析出当前与标杆企业之间的差距，方便企业针对差距进行更合理的决策。企业可以收集所有公司的业务数据、财务数据以及其他非数据信息，将这些海量信息利用大数据的变量分析模型进行分析处理，正确判断企业发展状况，提高财务预警的准确性。企业各项业务的开展必然会发生各种成本费用，成本利用是否合理，能否达到预期的收益，这都是企业非常关心的问题，直接影响企业的效益，所以，企业都建立了成本控制制度进行成本控制。

过去几年里，企业数字化转型蓬勃发展。数字化转型的企业基本都经历了企业管理信息化建设的初级阶段，信息化管理能力已经具有一定的保障。企业数字化不是为了建设传统信息化阶段的记录系统（System of Record），而是为了通过信息化技术升级原有的客户交互、业务运营、商业运作，因此数字化转型的需求聚在实现业务数字化的执行系统（System of Engagement）。因此企业对数字化转型的需求，更多的是对业务能力数字化的需求。

当前，中国企业数字化转型的需求具有以下特点：

（1）数字化营销是企业数字化的战略首选。新媒体、新终端、新交互模式为中国企业数字化营销提供了丰富的手段。中国企业的数字化营销正在替换传统的线下营销，通过客户需求在线感知、在线交互、实时互动、在线直播、AR、VR等多种创新营销模式，社交网络、移动化、云服务、大数据、信息图谱成为数字化营销的创新手段。

（2）数字化客户体验是企业数字化的核心诉求。数字化时代，消费者的数字化体验期望前所未有地被激发出来。企业渴望通过数字化转型，优化客户洞察，建立动态的客户画像，基于实时大数据把握个性化客户体验，创新产品交付和服务模式，通过C2M（用户直接制造）个性化制造模式，C2B（消费者到企业）个性化交易模式更好地满足客户需求，数字化客户体验正在成为行业数字化升级的核心驱动力。在大数据时代下，企业也可以通过大数据分析进行各项成本核算，分析每项成本数据的合理性与必要性，为企业的成本控制提供更有效的降低途径。确定绩效评价的标准。为了激励员工工作的积极性，如实评价员工的工作状态，确定公平合理的绩效水平，企业都制定了绩效评价体系。但是，在实际执行过程中，难免出现绩效评价不到位等现象，大数据时代的到来可以改善这一现状。企业可以通过对员工工作的效率、完成每项工作的时长、浏览的网页、与客户沟通的情形等各种信息的分析处理，选择更为合理的评价指标，增强绩效评价的意义。实现数据可视化沟通。良好的沟通方式会直接加强沟通效果。数据可视化是指借助图形、图像处理，计算机视觉以及用户界面等图形化手段，对数据加以可视化解释，从而清晰有效地传达与沟通信息。利用数据可视化进行沟通，可以使数据更为直观地呈现出来，便于对方理解。目前已经有较多数据可视化软件，财务人员可以通过学习软件掌握数据可视化的方法，以增强财务人员数据沟通的能力。数字化运营同时也是企业数字化最薄弱的环节，数字化运营是企业数字化转型最为重要的挑战，传统的信息化孤岛在数字化时代成为新的障碍。数字化运营的核心需求体现在通过高度集成的数字化管理平台所建立的数字化营销、数字化研发、数字化生产、数字化服务流程，建立横向集成、纵向集成、端到端数字化的全新营销体系，并基于互联网、云计算建立可视化的生产指挥平台、柔性生产控制平台、开放产业协同平台。工业互联网平台、智能工厂、智能设备，包括机器人流程自动化（RPA）等作为数字化影响的基础，在企业内部得到前所有未有的重视。基于新的数字化运营环境，ERP（企业资源计划）升级换代正在加快，企业正在重新构建基于云计算、大数据的全新运营模式。数字化产品与服务是企业数字化的创新焦点。从智能产品到共享单车，每个行业都在经历数字化产品和服务的全新升级。3D 打印、物联网、云计算等技术为数字化产品的研发、设计、生产、营销、服务提供了全新的手段，产品全生命周期的价值链正在全面升级，以满足大数据、社交化、物联网时代的产品与服务个性化体验的需求。

（3）数字化商业模式是企业数字化转型的终极需求。数字化商业模式是企业在数字化转型中讨论最多的话题，数字化转型的所有问题几乎都会回到商业模式创新的问题上来。根据金蝶的观察，当前中国企业数字化商业模式创新的九大趋势特别明显，也是中国企业在国际舞台上凸显竞争优势的关键，分别是产品与服务个性化、全价值链网络化、全价值链社交化、消费模式共享化、客户体验智能化、生产制造智能化、客户需求感知和响应实时化、产业链协作生态化、供应链全程绿色化。

大数据是数字化转型的核心，金融、电商、工业都成为大数据应用的热门行业，大数据的应用领域比较广泛，无论是智能制造，还是智能物流、智能营销，大数据都是实现智能化的基础。运营型分析是目前各行业对大数据最为普遍的应用，其次是客户分析和客户体验改进。但大数据在企业内部最为重视的价值是企业创立基于大数据的商业模式和风险管控。基于大数据的商业模式创新已经随处可见，未来所有数字化转型的企业都需要建立大数据存储、处理和分析平台，率先建立大数据平台的公司将获得明显的智能化领先优势。移动化成为企业数字化转型的起始点，彻底改变了企业内外的连接、沟通和协作方式，同时也重新定义了管理、组织。

AI（人工智能）将成为企业数字化商业能力的重要实现技术。AI 技术因其复杂性，曾经很遥远，但在今天大数据、云计算、机器视觉、深度学习日趋成熟的情况下，人工智能已经成为 CIO（首席信息官）需要考虑的重要技术。区块链技术将成为数字化转型的下一个颠覆性技术。绝大多数企业 IT 人员对区块链技术并不熟悉，但是区块链是未来数字化转型的一个重要方向，也是物联网、云计算、大数据、人工智能之后下一个重要的颠覆性技术。企业现在需要关注未来的基于区块链的交易模式、可信机制与现在的方式可能并不完全一样，区块链交易网络的去中心化意味着企业与客户回到了原始的一手交钱、一手交货这种实时交换模式，这是数字化技术给商业模式带来的一次重大变革。

三、大数据背景下企业业财融合一体化建设的重要性

企业在大数据时代环境下，应对业财融合要点以及优势进行明确，从多个角度创新，完善现阶段的发展模式，加快财务管理工作的转型，整合现有的资源，以相关的政策制度为基础，顺应时代发展趋势，进一步推进业财融合体系，以便于企业发挥出财务管理工作优势与价值，保证企业稳定的发展。

（一）有助于促使企业财务管理工作转型

在当前的时代背景下，我国逐渐加强对会计核算制度的创新，积极出台相关的政策与规定，以促使其整体的理念完善，使企业稳步发展。大数据技术的应用促使业财融合一体化发展步伐加快，优化现有的发展模式，注重会计信息质量的优化，整合现有的资源，打造全新的发展体系，构建财务管理信息平台，实现管理工作的转型，规范企业各业务部门与财务部门流程，进而满足现阶段发展需求。企业业财融合一体化发展也有助于提高企业信息透明度，促使当前信息的透明度提升，进而保障企业财务资源分配更加合理，避免呈现资源分配混乱情况，加快企业转型优化升级，帮助企业实现精细化管理。

实际上，业财融合是管理会计的一种体现，在发展过程中需要实现业务和财务工作的有机融合，从不同的角度分析，充分考虑业务实际情况，以保证企业的各项业务工作有序地开展。与此同时，通过业财融合一体化也有助于明确企业各部门经营目标，保证发展目

标一致，优化现有的模式，注重企业信息的对称性，以促使企业的整体利益提升，实现稳定的发展。

（二）有助于加强企业信息的共享与传递

企业业财融合一体化建设过程中，可以充分发挥出自身的技术优势来构建完善的财务信息平台，优化现有的发展模式，以平台为基础，将其贯穿在企业发展的各个方面，从根本上提升企业自身的风险控制能力，进而满足现阶段的发展需求。大数据技术在业财融合一体化模式中的合理应用进一步加快了一体化进程，进而促使企业自身的财务信息获取能力得到发展，确保大数据技术的应用优势充分发挥，为企业的发展提供充足的动力。

业财融合过程中，信息平台的构建为工作人员提供了优质的服务，有效地减少了传统上财务部门和业务部门财务信息不对称情况，改变现有的发展模式，促进企业财务管理决策更加科学、合理，提高自身对风险的防控与抵御能力，满足现阶段的发展需求。业财融合的性质较为特殊，重点在于全面的融合，进而灵活应用其自身的优势来促使企业有效地进行风险控制，并提前进行合理的预防，以降低风险因素产生的影响，为企业的发展营造良好的环境，使其实现稳定发展。

该环节中，通过合理的控制还有助于提升当前的资源利用效率，降低企业财务资源和经营资源的浪费发生概率，并以此为基础来保证业务活动顺利地开展，转变传统的观念，将现阶段企业财务管理部门发展重点聚焦在业务方面，明确发展的关键点，可以结合企业实际情况来优化，保障重要财务资源能够配置到效益最高的业务活动中，提升资源的利用效率，满足现阶段的发展需求。

在该过程中，企业业财融合一体化建设可以帮助企业抓住市场机遇，逐渐扩大自身的市场份额，进而保证经营效益提升，以满足发展需求。与此同时，还可以有效地发现当前企业发展过程中可能出现的各种潜在财务管理问题，结合实际问题进行优化，提出合理的预防策略，并建立相关的财务风险预警机制，对企业的财务管理制度和流程进行优化，加强整体的控制，降低财务风险的发生概率，保证企业可以有效应对外界市场环境变化、政策环境变化，提升自身的竞争实力，实现稳定的发展。

四、大数据背景下企业业财融合一体化建设的策略

在当前的大数据背景下，企业业财融合一体化建设步伐加快，其重要性也逐渐凸显，因此在发展过程中应加强对大数据技术应用的重视程度，完善当前财务管理模式，以现有的理念为基础，有针对性地开展优化，从根本上促使业财融合，为企业营造良好的发展环

境，适应新时代发展。具体来说可以从以下几方面开展。

（一）完善现阶段企业的财务管理制度

现阶段，经济的繁荣发展促使现阶段的企业发展步伐加快，大数据时代的特征越来越明显，在此背景下，企业业财融合一体化模式得到进一步发展，其重要性也逐渐凸显。因此在发展过程中，应明确企业业财融合一体化建设策的意义与价值，从多个角度开展分析，进一步推进业财融合，建立健全内部财务管理制度，注重思想意识的优化，促使企业员工可以明确企业业财融合一体化建设策对企业发展产生的影响，有针对性地开展创新，强化现有的体系，通过提升企业业务部门及财务部门财务管理活动的规范性来保证各项工作有序地开展，有针对性地控制各项活动，进而促使现阶段企业的竞争力水平提升，为企业的发展奠定良好的基础，带动经济效益稳定的增长。

例如，现阶段企业应注重自身内部组织模式的优化与创新，结合时代背景来进行完善，深入挖掘人才的优势，健全组织机构，保证人力资源配置的科学化，明确各自的任务与责任，为业务部门、财务部门在业财融合一体化模式的职责和权力落实奠定良好的基础，打造全新的发展体系，针对现有的环境进行完善，注重环境因素的控制，为企业的发展奠定良好的基础。注重工作人员专业素养水平的优化，完善现有的模式，注重其思想意识的优化，例如可以加强现阶段各业务部门人员及财务部门人员自身对业财融合的认知，以现有的模式为基础，深化各项发展流程，进而激发工作人员自身的工作兴趣，可以积极主动地开展各项工作，以提升工作质量，达到最终的目的。

（二）打造全新的内部治理环境提升竞争力

进入 21 世纪，企业在发展过程中逐渐明确大数据时代背景下的业财融合一体化模式对企业发展产生的影响，对现有财务管理以及内部制度进行优化，利用大数据构建全新的财务管理体系，整合现有的资源，以促使现阶段的企业全面发展。因此，企业应结合自身的实际情况来创新，明确自身的发展趋势，有针对性地开展优化，注意做好外界因素干扰控制工作，满足当前的发展需求。例如，对现有的监督评价体系、绩效考核体系进行创新，对当前发展模式进行完善，分析企业发展影响因素，有针对性地进行控制，以促使企业形成正确的价值观念。可以在发展过程中整合各项资源优势来提升企业的发展活力，打造全新的发展体系，整合现有的资源，为企业营造良好的发展环境，实现全面发展。例如，企业应根据自身的实际情况、外界环境因素、业务部门财务部门绩效等相关的因素与现阶段的业财融合一体化模式相结合，形成全新的发展体系，并将其模式贯穿在企业整个活动中，实现全面的发展，整合现有的资源，打造全新的发展体系，以带动企业的经济效益提升，优化自身的市场竞争力。

在发展过程中，也可以将当前的绩效考核目标与企业标准、企业制度、预算管理目标进行结合，融入全新的观念，以激励制度为基础进行创新，打造全新的发展模式，进一步来优化企业自身，实现稳定的发展，满足时代发展需求。有针对性地开展优化，结合大数据时代背景来进行人才选拔培养，例如可以针对当前企业在发展中的实际情况进行人才培养，定期开展人才培训，提升人才自身的意识与专业素养，保证业财融合一体化模式可以充分发挥出自身的作用，打造全新的体系，整合现有的资源，注重现有的理念控制，挖掘人才的价值，以促使企业稳定发展。

（三）结合企业实际情况构建财务风险预警机制

企业在大数据技术背景下开展业财融合一体化模式时，应从多个角度分析该模式的性质，明确其自身呈现出的特点，并有效地进行风险防控，以降低外界因素产生的干扰，满足时代发展需求。例如，可以结合现阶段的实际情况进行优化，有针对性地构建财务风险预警机制，保证其自身的科学性与合理性，以预警机制为基础进行优化，可以及时发现企业发展中存在的风险，进一步保证企业业财融合一体化模式稳定发展，可以充分发挥出自身的作用，为企业的稳定发展提供良好的支撑。从另一个角度分析，企业应将财务风险预警机制与业务部门的业财融合一体化建设相结合，实现二者的相互促进、相互循环，及时明确传统发展中存在的不足，进而有效预警和预防各类财务风险。

最后，企业要提高财务风险预警方法的开放性、科学性以及动态性，可以根据现阶段的社会背景变化来进行优化，以此来促使企业在瞬息万变的市场环境下提升自身的适应能力，有效地应对市场。与此同时，有针对性地开展优化，注重监督评价体系作用的发挥，整合现有的资源，实现整体的把控，以监督评价制度来发现企业发展过程中存在的问题以及不规范管理行为，并避免出现随意更改业财融合一体化目标和内容情况，降低外界因素产生的干扰，为企业的发展提供良好的动力。

（四）建立财务信息平台优化企业发展模式

在新时代背景下，企业应深入分析大数据技术背景下进行业财融合一体化建设对于企业产生的影响，从不同的角度进行分析，明确其发展优化，结合现有的资源来建立高效、统一的财务信息平台，以平台为基础建立全新的体系，提升企业的竞争力，并解决传统发展过程中存在的企业财务信息不对称问题，降低该因素产生的影响。进一步规范工作人员自身的行为，有针对性地进行控制，并积极引进专业的制度体系与技术，完善现有的发展模式，建立健全业财融合财务信息平台，达到最终的发展目的。企业应进一步细化业财融合一体化模式下的财务管理中各项制度，实现精细化管理，加强对财务流程与财务信息的把控，有针对性地进行控制，发挥出人才的优势，适应新时代发展。定期对业务部门人员以及财务部门人员开展培训，强化人员自身的业务水平与认识，在工作过程中可以积极引进全新的理念，去除传统管理理念和方法产生的束缚，形成"大数据"和业财融合思想，结合当前的市场环境来确定企业发展目标，有针对性地进行发展，以促使企业综合实力提升。

综上所述，在当前的时代背景下，企业在发展过程中应结合现阶段时代背景开展优化，完善现阶段的发展模式，整合当前的资源，打造全新的发展体系，促使企业业财融合一体化模式发展，加大企业自身的重视力度，加强各项信息交流，整合现有的资源，为企业的发展提供良好的服务，提升经济效益。

第四节　大数据背景下企业财务管理创新优化路径

一、积极转变企业的财务管理理念

在大数据时代，企业财务管理应从改变财务管理观念入手。

首先，要有效地提升企业大数据技术在企业中的应用。企业财务管理是企业内部管理中的一个重要环节，它涵盖了各个行业、各个岗位。这就要求企业要根据自己的发展现状和现实发展的需求，加强对特殊工作人员的大数据宣传，增强他们的大数据意识。大力宣传和倡导以大数据为核心的金融思想。

其次，企业的经营决策需要进一步强化信息化。作为一家公司的领导和经理，必须充分认识到信息化对于公司目前的发展有多么重要，要把信息化技术运用到企业的决策中去，还要从实际工作出发，探讨在大数据时代下的发展趋势，制订一个长期的发展目标和全面的计划，从而寻找适合自己的信息化建设模式。

二、加速创新企业财务管理方法

从企业的视角，在金融管理形式、方法等多个层面上进行创新。因此，在大数据时代背景下，在技术和时代的变化下，传统工作必须要有新目标、新路径、新方法和新模式。在保证会计核算方法的科学化、合理性的前提下，运用大数据技术，保证会计核算的有效性。

从企业财务管理的视角出发，在对大量数据和信息进行有效收集、整理、筛选、分析和利用的过程中，必须把数据管理纳入传统管理模式之中。在其他方面，要加强与企业各部门的沟通，尤其要加强与财务部的沟通，建立数据交流平台，提升大数据技术的应用。

三、建立信息风险防范系统

在大数据时代，企业要加强风险意识，在信息化环境下进行风险评估，构建一套科学、完整的信息安全防范系统，以保障企业发展安全、客户和供应商信息安全，提高企业信息化程度和市场竞争力。

首先，要对网络中的恶意攻击进行预警，采取防火墙技术、更新病毒库、加密技术等措施，以保证企业的数据信息安全。同时，要加强对企业技术部门的资源投资，加速科技部门的研究开发，加强对企业的保护，并丰富企业的保护措施。

其次，企业要进一步加强对数据、信息安全的突发事件的应急预案的编制。通过制订应急方案，有效地将各类风险集中在一起，科学地评估、处理数据、信息安全问题，并在第一时间做出相应的应对方案。同时，要通过建立动态的安全监控手段，从事前控制、事中控制、事后控制等多个角度来提高风险的控制和处理效果，最大限度地降低企业风险。

四、构建综合型的财务人才队伍

在大数据时代，企业的财务管理必须建立起一支全面的金融人才队伍。财务人员是企业的主要力量，必须确保其职业素养和职业道德，方能取得较好的财务管理效果。但是，就我国当前的现实状况而言，我国的财务管理人员在职业道德、专业技能、文化素质上仍有很大差距。尤其是在信息技术方面，企业要充分发挥自己的指导和启发作用，真正做好人才的培训与教育。

首先，要加强对职工的功能培训，运用大数据技术和技能操作软件，将财务管理职责、专业化培训和有针对性的培训相结合。通过上述方法，使企业的财务人员能够不断地扩展自己的知识系统。在此过程中，公司可以引入一些实际的财务管理案例，并对问题进行剖析，提炼方法，总结经验，从而使员工达到自身的提高。另外，加强对会计人员的管理，既要看会计的技术，又要看会计人员的职业操守。这是由于财务管理在企业的经营中起着举足轻重的作用，同时财务管理也是一个非常敏感的问题。有些工作人员滥用职权，造成了公司的经济损失。

其次，要进一步吸引和引进高质量技术人员。而在此期间。企业应建立清晰的人才引进方案和评价标准，并加强与高等院校的协作，将理论资源与企业实践资源相结合，形成一种相互协作的模式。拓展新的人才引进与培训渠道，保证人才的持续稳定供给。

五、完善企业组织结构

在大数据时代，企业的财务管理需要进一步完善组织机构。随着大数据的发展，企业的财务管理面临着越来越多的问题。企业要对大量的数据、信息进行精确的甄别，并从中提炼出符合企业发展、生产企业经营决策等实际需求的有用的资料。

首先，要加强企业的软硬件设施建设。软件、硬件是实现大数据技术工作的主要物质载体，同时也是企业的电脑设备、服务器等关键系统。保证硬件设施的健全，为保证工作的顺利进行提供了良好的外在条件。

其次，必须在系统的硬件设施上配置相应的财务软件，以保证财务软件的正常运转，对大量的数据进行处理，以保证数据的平稳、准确、可靠。

最后，企业信息化的运作机制有待进一步改进。在大数据时代，企业财务管理的实际状况，既有企业自身的数据，也有与市场运作有关的数据收集。通过信息化流程，使企业财务及其他各部门得到切实的执行，在良好的运作机制引导下，形成规范的对接。规范流程，从而提高公司的整体经营水平，建立现代化的经营模式，保证公司的持续、稳定。

总之，为满足大数据时代的变革和管理的不断更新，企业必须根据自身的特点，制定相应的应对措施。在企业信息化管理的转变中，企业面临着管理难度加大、信息安全与技术人才短缺、企业自身组织不完善等问题。企业要从自身的实际出发，采取以下措施：改变财务管理观念、改进财务管理方法、构建信息安全风险防范系统、吸纳专业技术人员、健全组织机构。只有统筹考虑，准确把握企业所面对的挑战与困境，从观念、安全风险、制度、人员等各方面考虑，才能实现企业在大数据时代的升级与变革。

参考文献

［1］巴珍宝．大数据时代下企业财务管理转型思考［J］.中国产经，2023（17）：146-148.

［2］曾祥兴．大数据时代背景下企业业财融合一体化建设研究［J］.中国商论，2020（5）：33-34.

［3］曾小明．大数据背景下企业财务管理的影响及应对策略研究［J］.产业创新研究，2023（8）：157-159.

［4］陈勇红．大数据时代下建筑企业财务管理的转型思考［J］.质量与市场，2023（14）：94-96.

［5］丁亚楠．大数据时代财务风险的预警与防范［J］.中国市场，2022（36）：188-190.

［6］窦巧梅．大数据对财务分析工作的影响与实施路径［J］.西部财会，2023（6）：37-39.

［7］杜鹃．大数据背景下企业财务共享中心建设策略研究［J］.营销界，2020（20）：18-19.

［8］段君亮．积极推进业财融合，助力公司转型升级［J］.财经界，2015（6）：2.

［9］龚小寒．大数据背景下基于财务共享模式企业财务信息化建设［J］.互联网周刊，2022（24）：80-82.

［10］贺荣樟，韩金彤．大数据环境对企业财务数据分析的影响探究［J］.中国市场，2023（10）：179-181+193.

［11］侯科兰．大数据时代的企业财务风险防范［J］.全国流通经济，2020（32）：42-44.

［12］胡永．面向大数据的企业智能财务决策支持研究［J］.全国流通经济，2019（19）：53-54.

［13］姜媛．大数据时代电力企业财务管理困境及突破［J］.中国集体经济，2023（22）：

161-164.

[14] 李德柱．大数据时代的企业财务风险预警研究［J］．中国商论，2020（1）：
116-117.

[15] 李娇娇．大数据时代的企业财务风险防范研究［J］．财会学习，2023（8）：13-15.

[16] 李梦．大数据技术对企业财务分析的影响及对策［J］．行政事业资产与财务，2021
（18）：105-106.

[17] 李天骄．构建财务业务一体化的管理会计模式［J］．商，2015（1）：154.

[18] 李晓东．面向大数据的企业智能决策支持系统发展趋势分析［J］．企业科技与发展，
2016（1）：11-14.

[19] 李永梅，张艳红，韦德洪．财务预测学［M］．北京：国防工业出版社，2009.

[20] 李玉环．大数据时代下建筑企业财务管理的转型［J］．商业会计，2017（22）：
74-75.

[21] 卢晓荣．探析大数据时代企业财务风险预警机制与路径［J］．财经界，2021（16）：
105-106.

[22] 陆尧怡．大数据背景下企业财务决策变革［J］．合作经济与科技，2023（12）：
128-129.

[23] 蒙亚丽，陈炫．大数据背景下企业财务共享中心建设分析［J］．投资与创业，2023，
34（11）：117-119.

[24] 谭超颖，马莲，杜慧琴．大数据挖掘技术在财务分析中的应用［J］．电子技术，
2023，52（3）：206-207.

[25] 陶明晗．大数据时代企业财务风险预警的思考［J］．中国中小企业，2023（3）：
142-144.

[26] 田原．大数据背景下日化企业财务管理职能研究［J］．日用化学工业（中英文），
2023，53（7）：859-860.

[27] 汪洋．财务管理［M］．合肥：中国科学技术大学出版社，2016.

[28] 王明吉，秦咏．大数据视角下企业财务决策的变革举措研究［J］．经营与管理，
2021（12）：76-80.

[29] 王攀娜，熊磊．企业财务管理［M］．重庆：重庆大学出版社，2022.

[30] 王天尧．大数据时代的企业财务风险防范与控制研究［J］．中国市场，2020（25）：
193-194.

[31] 王艳．大数据背景下企业财务信息化、数字化发展策略探究［J］．中国集体经济，

2023（26）：138-141.

［32］王赟．大数据时代财务分析领域面临的机遇与挑战［J］.中国乡镇企业会计，2023（2）：160-162.

［33］王志．大数据技术基础［M］.武汉：华中科技大学出版社，2021.

［34］韦德洪．财务决策学［M］.北京：国防工业出版社，2015.

［35］徐红梅．大数据时代下企业财务风险预警研究［J］.中国商论，2018（31）：24-25.

［36］徐向丽，桂丹，李晓庆，等．大数据平台下企业精益化财务管理研究［J］.中国集体经济，2023（16）：157-160.

［37］徐雪莲．大数据时代企业财务管理面临的机遇与挑战［J］.今日财富，2023（17）：125-127.

［38］徐永翔．大数据背景下企业财务管理模式创新研究［J］.中国集体经济，2023（27）：145-148.

［39］颜美瑛．大数据时代的企业财务风险预警研究［J］.中国乡镇企业会计，2021（2）：137-138.

［40］张曾莲．企业财务风险管理［M］.北京：机械工业出版社，2014.

［41］张传平，王晓村．关于电网企业业财融合的预算管理模式探究［J］.华东电力，2014，42（12）：2728-2731.

［42］张红英，王翠森．大数据时代财务分析领域机遇与挑战［J］.财会通讯，2016（5）：84-85.

［43］张军．大数据环境下企业财务风险的识别与管控［J］.市场周刊，2022，35（3）：67-70.

［44］章卫东．企业财务分析［M］.上海：复旦大学出版社，2014.

［45］郑永东．大数据背景下制造企业财务信息化建设研究［J］.经济师，2023（7）：48-49.